10

于漪全集

阅读教学卷

上海教育出版社

1979年11月,在家中备课

1982年7月,应呼和浩特教育局邀请赴内蒙古讲学

20世纪80年代,造访沈园,寻觅陆游与唐琬之凄美爱情

1989年,被评为"全国先进工作者",与大家一起登上天安门城楼

出版说明

《于漪全集》是基础教育领域首部特级教师的全集,也是上海教育出版社为特级教师出版的第一部全集。它的出版,对于传承、弘扬和建设新时代社会主义文化,对于以教育自信创建自信的教育具有重要意义。

《于漪全集》收录了于漪在不同时期发表于全国各类期刊和出版于多种图书的论文、讲话、序跋等作品。难免挂一漏万,故对写作时间和文章出处不一一注明,留待日后修订逐步完善。同时,对原发期刊编辑部、图书出版单位一并致谢。

全集由上海市教师学研究会组织有关教师、专家编辑。于漪的教育思想植根于教学实践,是理论与实践的有机融合和生动阐述。有时一材多用,是为了从不同角度阐释相关问题,为读者呈现丰富的不同历史阶段的思考成果。

全集以"一辈子学做教师"为线索,根据文章内容,共分8卷21册,从基础教育、语文教育、课堂教学、阅读教学、写作教学、教师成长、序言书信、教育人生八个方面多维度展现于漪来自教育第一线的理论研究成果,力求树立当代教育家的典型形象。

目录

学海探珠

小引	3
"不学无术"	4
从"不求甚解"想起的	6
"想当然耳"	8
过犹不及	11
偷书与抄书	14
谈一般化	16
蹈袭与暗合	18
委曲与意尽	21
"坐不读书"	23
以旧为新	25
交白卷与《法家诗选》	27
不懂装懂	29
答非所问	32
"小说家言"	34
也谈王熙凤	37
燕北闲人谈《红楼梦》	39
引人入胜	42
强中更有强中手	45
沾光	48

讲诗一得	51
说理短诗	53
太真遗事和昭君诗	56
"算博士"	58
诗文中的"东南西北"	61
诗中的色彩	64
月诗	68
知人论世	71
鄙吝不萌	73
生死之间	76
素食	78
拜袁揖赵哭蒋图	81
才思敏捷和急中生智	84
学文之初	86
早慧	89
物与人、规矩与巧	91
识字	93
识字与文字狱	96
以猿猴调侃人	99
文学中的狐	102
读画	105
评画的启示	108
"回到自然"	111
艺术家的厄运及联想	114
克拉克谈西洋歌剧想起的	117
劳于求人而逸于任人	120

谈考试选拔人才	123
闲话皇帝	126
太极图	130
"如坐针毡"与"如坐春风"	132
夜读散记	135
"铁中铮铮"	136
"阳春白雪"	137
"留得一钱看"	138
"仇寇"	139
"貂尾""方山"	140
"老者安之"	142
"参差十万人家"	144
关于《岳阳楼记》	146
李广与程不识	148
浅显说理小试	149
爱查、爱读、爱翻	151
字典的"魔力"	154
从记忆深处升起	157
我与《千家诗》	160
忆昔童年乐事多	163

春秋战国的故事

开头的话	169
齐桓公和管仲	171
晋楚争霸	177

伍子胥	182
卧薪尝胆	188
三家分晋	193
商鞅变法	197
爱国诗人屈原	202
将相和	208
奇货可居	216
荆轲刺秦王	220

明清的故事

红巾军大起义	229
从小和尚到大皇帝	233
三保太监下西洋	238
一场生死存亡的斗争	241
戚家军平倭	246
阉党和东林党	251
李闯王	256
汉族人民抗清的斗争	261
清朝的残酷统治	268
暴风雨来到之前	271

学海探珠

小 引

教师要有丰富的智力生活。蜜蜂辛勤地采花,才能酿就甜美的蜜;教师孜孜不倦地探索人类知识的宝库,不断吸取新鲜的养分,才能担当教育人的重任。在实践中学习,从书本里学习,是我这个语文教师毕生的追求和责任。

学习能使人心明眼亮。《颜氏家训·勉学篇》说:"夫所以读书学问,本欲开心明目,利于行耳。"学得扎实,学得深入,学得宽广,就为不断改进教学,提高教学质量准备了重要的条件。

"吾生也有涯,而知也无涯",这是千古学人面对知识海洋所发出的浩叹。教师工作繁重,抽出时间来经常学习着实不容易。记得有人问过我:"你在学习中最喜欢什么?"我曾答非所问地说:"我最喜欢'锲而不舍'四个字。"只要有这四字精神,再忙也能挤出时间学。

人类浩瀚的知识海洋,蕴藏着无数奇珍异宝,辛勤的探宝人绝不会空手而回。我的眼前碧海空阔,珠蚌含胎,探珠是我的良好愿望,也许能探得一两颗圆润耀目的宝珠。但我毕竟是个识浅力薄的探索者,一定常常探珠不获,倒拣来了光怪陆离的贝壳——即使如此,我仍然是满怀喜悦的。

"不学无术"

北宋寇准是一位敢作敢为的政治家,在历史上有贡献。景德元年,契丹入侵,寇准任宰相,坚决反对王钦若南迁的逃跑主张,力主抗战。他竟冒天下之大不韪,促使皇帝赴前线,进驻澶州督战。由于谋划得当,抵住入侵的敌人,寇准立下了大功劳。但不久他受到王钦若的排挤,被免除宰相职位。一次,寇准问一个叫张咏的:"何以教准?"张咏慢条斯理地说:"《霍光传》不可不读也。"寇准莫名其妙,回去赶紧打开《汉书》,翻到《霍光传》,一口气读下去。当他读到"不学亡(无)术"四个字时,才恍然大悟,笑着说:"此张公谓我也。"

张咏一向认为"寇公奇材,惜学术不足耳",与霍光有相似之处。霍光是西汉重臣,对扶保皇室安定政治起了重要作用。霍光死后,霍家专权,就遭到灭门之祸。张咏看到寇准与霍光一样刚毅有为,招忌恨,就劝他读《霍光传》,委婉地启发他以霍光的身后事为鉴,不要招祸。《霍光传》在最后的"传赞"中有这么几句话:"然光不学亡(无)术,暗于大理……以增颠覆之祸,死财(才)三年,宗族诛夷,哀哉!"事情很明白,张咏是讽示寇准不能"不学无术",以致因不明大理招祸,要善于明哲保身。然而,我们今天应用这一成语,已不把它与明哲保身联系起来,而是径指不学习无本领了。

在"十年浩劫"中,"四人帮"曾提出过"知识越多越反动"的奇谈怪论。那时候谁学习谁倒霉,交白卷的张铁生大红特红,成了"英雄"。今天,这种灾难的年代已经过去,不会有人公开反对学习,公开标榜"不学无术"光荣了。但要彻底清除流毒亦非轻而易举的事,不是直到现在还存在着一种"只要能赚钱,知识少点也无关"的糊涂思想吗?党中央提出确立尊重科学文化知识的正确观念,要求切实做到欢迎知识,渴求知识,把知识变成建设新世界的巨大力量。"这就要求我们,要求中国共产党人,要求各条战线、各行各业的广大干部,一定要在新的伟大斗争中,重新学习。"我们教师也要重新学习,加强理论学习、专业知识和新的科学文化知识的学习,把培养年轻一代的工作做得更好。"不学无术"与做好工作是不相容的。

从"不求甚解"想起的

"不求甚解",现在多指学习不认真,不深入,粗枝大叶。这句话最早是陶渊明说的。《陶渊明集·五柳先生传》:"好读书,不求甚解;每有会意,便欣然忘食。"由于这句话出自陶渊明这样的大诗人,历来就谈得多了。

糊涂人道听途说,把陶渊明说成是读书马虎的典型。懒惰人学习不深入,举出陶渊明作幌子,说"陶渊明这样的大诗人,读书还不是不求甚解!"好心人出来说了,"陶渊明根本不是那个样子",并从他的诗文中引出一些话来作证明。有人说,不能断章取义,要看看上文,上文是"好读书",这个"好"字可不容易,下文是"每有会意,便欣然忘食",可见他不仅"会意",并且一领会就高兴得连饭也忘了吃了。进而又从别的地方找到证明,陶渊明在《与子俨等疏》中也说:"开卷有得,便欣然忘食。"因此就有人说,陶渊明读书是求"解"的,不过不求"甚"解而已。有人更进一步说陶渊明读书不是粗枝大叶,而是细心得很,证据是他有名的诗《移居二首》中有这样两句:"奇文共欣赏,疑义相与析。"他研讨探求得很深入的。

以上的说法证据确凿,虽有点道理,但还不能替陶渊明"不求甚解"的态度开脱,因为那句话分明是他自己说的!于是人们就探求这四个字到底是什么意思。有的说"不求甚解"的真义应该是"读书的方法,不要固执一点,咬文嚼字,而要前后贯通,了解大意"。(见《燕山夜话》)说得更好的如《管锥编》:"窃谓陶之'不求甚解'如杜甫《漫成》之'读书难字过'也;陶之'疑义与析'又如杜甫《春日忆李白》之'重与细论文'也。……一人之身,读书之阔略不拘精细不苟,因时因事而异宜焉。"真是越讲越精彩,越说越深刻!

  从这里可以得到如何很好地指导学生读书的启示。语文教学中指导学生精读诗文,人们容易理解,但不易注意到在另一方面要指导学生广泛阅读。教师除指导学生精读外,必须指导学生在课外广泛地有计划地读一点书,把精读与泛读有机地结合起来。精读要熟读精思,"须一棒一条痕,一掴一掌血",心领神会。但书多,浩如烟海,遍读根本不可能,即使有些该读的书,也并非本本都要精读,倒是较多的书只消"不求甚解",知其大意即可。精读与泛读的要求不同,前者要求领会深,后者则要求有所"会意",但两者要统一在"理解"上,相辅相成,相得益彰,如是步步深入,学业就能日精月进。

"想当然耳"

北宋仁宗嘉祐二年(1057年),朝廷举行考进士的春试。皇帝任命当代大文豪欧阳修做主试官。经欧阳修推荐,其他主试官赞同,著名学者、诗人梅尧臣为参详官,又名小试官。梅尧臣阅卷时看到一篇好文章《刑赏忠厚之至论》,写得很出色。文章主旨是:奖赏宁可失之过宽,惩罚则应慎重,免得枉杀无辜。文中有这么一段:"当尧之时,皋陶(yáo)为士,将杀人,皋陶曰'杀之'三,尧曰'宥之'三,故天下畏皋陶执法之坚而乐尧用刑之宽。"用典用到圣君尧身上了,简直非同小可!文章送到欧阳修手里,他也大为欣赏。他们都不知道这一典故出在什么地方,写得那么郑重其事,想必大有来头。但不管如何,文章确实好,录取第二名,作者就是22岁的苏轼。发榜以后,苏轼拜见欧阳修,欧问起这几句话的出处,苏轼引用孔融的话回答说:"想当然耳。"真相大白,原来是杜撰,把大文豪也蒙住了。

今天看来,苏东坡这几句话有没有出处无关宏旨,倒是这一历史掌故成了美谈。当然,这不能误解为学习、工作可以持想当然的态度。教师在教学中凡有不清楚的、掌握不准的知识,都要认真查一查,力求真正弄清楚,采取对学生负责的态度,养成踏踏实实的良好习惯。比如造大桥、起高楼,若没有大量科学的数据,只凭想当然,其结果不是造不成,就是要倒塌,道理是显而易见的。

还有一种往往不被人注意的现象,即习以为常的事物,反而有时视而不见。因此,我们也不能自以为熟悉而来个想当然。法国19世纪著名印象派画家莫奈,到伦敦去画威斯敏斯特教堂。伦敦是闻名的雾都,他选了平常的雾天作画。画上,教堂掩映在雾中,轮廓隐约可见,雾却是紫红色的。画展览出来,舆论大哗。伦敦人多年在雾里生活,对雾太熟悉了,觉得分明是灰蒙蒙的,连书上也这样说的。到底谁正确呢?经莫奈的画一提醒,人们上街仔细观察,伦敦的雾果真是紫红色的。于是进一步追求原因,原来雾的红色度是由于烟太多,烟雾和伦敦的红砖房相映而成。莫奈竟因此获得"伦敦雾创造者"的雅号。按理说应该是伦敦人对伦敦雾最熟悉,可是他们反因"想当然"而弄错。莫奈这个外国人之所以弄对,是因为他作画时作了细致入微的观察。可见,必须时时提醒自己,对即使习以为常的事物也得看一看,想一想,力戒想当然。

  风景画家固然要仔细观察大自然,作家描写风景也必须这样。描绘风景,俄罗斯的小说家屠格涅夫算是首屈一指了。试看《猎人笔记》最后一篇《树林和草原》中,他把春、夏、秋、冬四幅风景画刻画得多么细致入微,充满情趣啊!托尔斯泰称颂他的风景描写说:"这是他的拿手本领,以致在他以后,没有人敢下手碰这样的对象——大自然。"如果没有精细的观察,没有超人的洞悉才能,不忠实于大自然,他哪会有这"拿手本领"?

  写到这里,我自然而然想到《儒林外史》开头写王冕学画的片段。作者在这里这样描写七泖湖上雨过天晴的景色:"须臾,浓云密布,一阵大雨过了。那黑云边上镶着白云,渐渐散去,透出一派日光来,照耀得满湖通红。湖边上山,青一块,紫一块,绿一块。树上都像水洗过一番的,尤其绿得可爱。湖里有十来枝荷花,苞子上清水滴滴,荷叶上水珠滚来滚去。"写得真是美极了。吴敬梓若没有一番亲身的体验,而一味"想当然"地挥洒,怎么能写出这使读者如临其境、富于诗情画意的风景呢?

教育工作何尝不是如此?要提高教学质量,取得良好效果,教师必须尊重事实,讲究科学,踏踏实实,坚持调查研究,摒除不切实际的"想当然"。

过犹不及

上文曾提到,要提高教学质量,取得良好效果,教师必须尊重事实,讲究科学,踏踏实实,不能用"想当然"的态度去教学生。凭"想当然"进行教学,不仅会出错,更糟的是给学生树立了无实事求是之意的坏榜样,贻患非浅。教学上我一向偏于主张"刻意求工",但也主张防止"过犹不及"。"不及"当然不好,"过"也未必佳。

据说,西晋时匈奴族领袖刘渊,于书无不综览,很有学问,尝说:"随陆无武,绛灌无文;一物之不知者,固君子之所耻也。"清代乾嘉时代学者精于考证之学,崇尚博雅,当时学术界就流行"一物不知,君子所耻"的风气。平心而论,乾嘉学者考证名物,订正了前人不少错误,提供了读书治学的便利,嘉惠后学,这一学术贡献不可磨灭。但也有人流于炫耀渊博,解经纷纭,烦琐饾饤,甚或穿凿附会。走过了头,就出现"过犹不及"的毛病。

还有一种做法过了火,也会产生谬误。如为了贯彻自己的文学主张,强使客观迁就主观,歪曲了作品的思想观点。清代学者张惠言论词,通过寄托比兴来贯彻"温柔敦厚"的诗教,对前人的作品往往穿凿附会,对此,王国维在《人间词话》中有精辟的评论:"固哉,皋文之为词也!飞卿《菩萨蛮》、永叔《蝶恋花》、子瞻《卜算子》,皆兴到之作,有何命意?皆被皋文深文罗织。"我们翻一翻张惠言《词选》中对这几首词的小评,就知王国维的话一点也不错。

有一次,我听到一位同志说:"你们语文教师备课认真,对于作者的写作意图和作品的思想了解得深刻,对写作方法分析细腻,甚至比作者都想得周到。"当时细味这位同志的话,分明出于好意称赞,然而最后一句引起了我的注意。怎么竟然会比作者想得还周到呢?是不是会讲过头?自己想得很多,觉得把书教得准确切当着实不容易。

我也曾听到有人说过:"作者写诗,灵感来了,一挥而就。当时他想到的哪里像语文教师讲的那么多!"又说教师讲得甚至比作者写作时想的还多。为此,我常常问自己,教师可不可能比作者对自己的作品还知道得多?我苦苦思索,十分烦恼。想着想着,终于弄清楚了一个问题:严格说来,我们在任何情况下,都不可能比作者对自己作品的感受、对自己身世的感受,领会得知道得更丰富更深刻。

且以诗文一挥而就言,不容置疑,这种情况的确会有。人们常常把这种现象说成是灵感触发。灵感是什么,我说不清楚,但作者总不可能一无凭借,灵感忽然从天外飞来。作者创作,远,离不开其身世,近,离不开作品背景,而其出色的表情达意则离不开深厚的文学修养。这一切,我们无论如何不可能比作者了解得多,体会得深切。要讲好一篇作品,不能不了解它的背景和作者的修养,从而也不能不了解作者的身世。此外作品本身也还有许多具体东西要下功夫弄清楚。因此备课大有备头,功夫下得深,对作品领会得确切深入,就会讲得精当,就能分析入微而恰如其分,就可以避免穿凿附会的毛病。

讲课要力求深入详明,但亦应恰如其分,这在备课时就要注意。我曾结合讲杜诗考虑过这问题。杜诗注本很多,备课时不可能一一翻检。我常用的是三个本子:杨伦的《杜诗镜诠》,取其简明,可一下明诗意;仇兆鳌的《杜诗详注》,取其详赡,通过连类所及明其出处;王嗣奭的《杜臆》,取其解诗往往有精当胜人之处。其中《杜诗详注》资料十分丰富,常常连类注引了杜甫前人的不少诗句,若用它深入研究杜诗,的确提供不少方便,但若讲课时不加区别分析而大量应用,就难免过当。当然运用书中有些这类"平行性"的诗句适当地烘托所讲诗的意境还是可取的。总之,三个本子运用得好结合得好,对讲好杜诗的确有帮助。

我很高兴听到有人这样对我说:"你们语文教师讲诗,若以作画来比方,有的诗好比大写意,而你们把它描成工笔画,描得更加工细了。"我乐意听这句话,但立刻补上一句:"我们的'工笔画'毕竟非'原作',要说好还是'原作'好。但愿我们的描摹不失'原作'的精神,如果我们的刻画能加深学生对'原作'的领会,那就很满意了!"

偷书与抄书

孔乙己在人家揭发他偷何家的书被吊着打的事时,"便涨红了脸,额上的青筋条条绽出,争辩道,'窃书不能算偷……窃书!……读书人的事,能算偷么?……'"这段话真是妙不可言。旧时把偷书的人美其名曰"雅贼",虽说沾了个"雅"字,但还逃不出"贼"的范畴。孔乙己自己竭力选用了"雅"一点的字眼——"窃",并以"读书人的事"来遮羞,但事实毕竟是偷,他也毕竟挨了吊打。只是孔乙己偷书为了生计,其情是可悯的。孔乙己是小说中人,姑且不论,而实际中倒也不乏偷书的人。

有人偷的是书稿,窃取别人的著作权。《南史·徐广传》记载了这样一件事:郗绍作《晋中兴书》,几次把书稿给何法盛看,何法盛有意据为己作。他厚颜对郗绍说,你名位已贵显,用不着靠此书扬名,"我寒士,无闻于时……宜以为惠",郗绍不肯。书写成后,放在斋内橱中。何法盛去拜访,郗绍不在家,就一直跑进去把书稿偷走。书稿没有副本,因此后来只通行何法盛的一部《晋中兴书》。为了自己扬名晋升,公然窃人书稿,比孔乙己要厚颜无耻多了。但回头一想,何法盛还有"老实"的地方,他直言不讳地向人伸手,不给,就堂而皇之地偷。这比那些暗中窃取别人劳动成果,把别人的书稿改头换面,东拼西凑,无窃书之形而有偷书之实的人似乎"光明正大一点"。

抄的事就更多了。要分析具体情况,不可一概贬斥。《晋书·王隐传》:"虞预私撰《晋书》,而生长东南,不知中朝故事,数访于王隐,并借隐所著书窃写之,所闻渐广。"此举迹近抄写自己不熟悉的史料,并未把别人的书稿窃为己有,故后来王隐、虞预各人所撰的《晋书》并行于世。有的抄了别的书籍的材料,根据自己的要求加以整理,这实际上是我们今天所说的改编。如东汉荀悦仿《左传》体例,简化《汉书》,编成《汉纪》30篇,分量大减于《汉书》,得到了"辞约事详"的好评。又如袁枢把《资治通鉴》史事分事立目,抄辑成《通鉴纪事本末》,创立了纪事本末史体。对此,梁启超在《中国历史研究法》中说:"善抄书者,可以成创作,荀悦《汉纪》而后,又见之于宋袁枢之《通鉴纪事本末》。"运用之妙,存乎一心,与没头没脑的抄不可同日而语。

《史记》和《汉书》是我国两大史学名著,也有人说作者有抄袭的嫌疑,从而加以非议。此处且不说《史记》,只说《汉书》。刘勰在《文心雕龙·史传》中说:"及班固述汉,因循前业,观司马迁之辞,思实过半。"这是指《汉书》汉武帝太初以前的历史,大多借用《史记》。太初以后的历史,用的又是他父亲班彪的《后传》几十篇,刘勰更指责班固有"遗亲攘美之罪"。这些都过甚其词。《汉书》本班氏一家之学,何况书中屡次提到班彪,根本说不上"遗亲攘美"。至于借用《史记》,前人辩解已多,章学诚则提到了理论高度,他在《文史通义·言公》一文中说:"古人之言,所以为公也,未尝矜于文辞而私据为己有也。"更何况班固借用《史记》也作了不少改动。将《史记》和《汉书》两相对照,有利于更好地理解古代文辞。

谈一般化

前文谈抄书,举了各种事例,未加议论,意犹未尽,再拓开说几句。

抄书会闹大笑话的。英国的威廉·迪安·豪厄尔斯有一次读了一首一位渴求名声的青年写的诗,问道:"这确是一首辉煌的诗,是你写的?没有人帮助过你?"青年回答说:"是的,先生!每一个字都出自我手。"豪厄尔斯赶忙立起身说:"拜伦爵士!我很荣幸能见到你。我的印象是你死在希腊的米索朗吉港多年了!"原来青年的诗是剽窃已故著名诗人拜伦的作品。还有更可笑的呢。曾慥《类说·芝田录》载:"卢君出牧衢州,有一士投贽。公开卷,阅其文十篇,皆公所制也。密语曰:'非秀才之文。'对曰:'某苦心忧课,非假手也。'公曰:'此某所为文,兼能暗诵否?'客词穷,吐实曰:'得此文,无姓名,不知是员外撰述。'惶惧欲去……"这就是唐代科举中举子行卷的情形。这则故事揭示了行卷人的文章是抄来的,而所抄的十篇文章凑巧又是他所投贽主人的作品,因而闹了个大笑话。

以上两件事反映了两国当时士风,有其真实性。下面讲的纯然是笑话,但发人深思。冯梦龙《广笑府》:有人死了岳母,要一篇祭文,就请村塾里一位教书先生写。这位先生翻出珍藏古本,把一篇祭岳父的祭文抄下来给他。这人拿回家请人读,大家听了都说祭文写错了人。他立刻去找那位先生,说明写错了。先生听了大发雷霆,把自己珍藏的古本往桌子上一摊,说:"这篇祭文我连一个字也没有抄漏,错在哪里?分明是你们家里死错了人。"这位教书先生真死心眼儿,可名之曰"一篇祭文主义者",只要一篇祭文就可以通用于各式各样的死者;你说他写错,他偏说死错了人。事情似乎是不可思议,但其含义发人深省。

世界上的事物千差万别,错综复杂,研究问题不能以空洞的概念代替具体的分析。同样,写文章,画画,上课,都不能用一个模式来套。如果这样做,就会流于一般化,而一般化的东西是无特色、无性格、无生命力的。曹雪芹在《红楼梦》第一回写道:"历来野史,皆蹈一辙,莫如我这不借此套者,反新奇别致……至若佳人才子等书,则又千部共出一套,且其中终不能不涉于淫滥,以致满纸潘安、子建、西子、文君,又必旁出一小人其间拨乱,亦如剧中小丑然。"说得多么精彩。如果《红楼梦》也落入旧言情小说的俗套,又怎么可能成为不朽的文学巨著呢?

1938年,徐悲鸿由广东西江东下到达一个小城四会,那里有一位画家陈先生拿出自己的作品《西江寻梦图》请徐悲鸿观赏。画的内容一般化,徐悲鸿针对这一缺点幽默地说:"此图可题为'长江寻梦图'或改为'黄河寻梦图'否?甚至叫'黑龙江寻梦图'也无不可?"陈先生愕然,请教徐悲鸿怎样画才可叫《西江寻梦图》。徐悲鸿微笑着说:"既然是广东西江,就应当有确指地域和环境的标志。"接下去他指出广东的屋宇、植物与别处不同。进一步以竹为例,则长江以北少竹,黄河以北更罕见。再进一步就竹本身分别,则两广多是丛生的慈竹,不像江浙、两湖、皖、赣等省竹能成林。再往下又分析了榕树、芭蕉、棕树。一席话使得陈先生恍然大悟,佩服得五体投地。

学习别人的经验也切忌一味抄袭,生搬硬套,造成一般化;要避免一般化,则须加强学习,深入体会,对具体的事物要作具体的分析研究,抓住特点,发扬独特的风格。

蹈袭与暗合

宋黄山谷在《答洪驹父书》中说:"老杜作诗,退之作文,无一字无来处。盖后人读书少,故谓韩、杜自作此语耳。"杜诗、韩文脍炙人口,历来为人传诵赞美。唐代杜牧在《读韩杜集》一诗中写道:"杜诗韩集愁来读,似倩麻姑痒处搔。天外凤凰谁得髓?无人解合续弦胶。"杜牧赞叹他们成就之高,竟至后继十分困难的程度。黄山谷在这里点了一下原因,指出二公读书多,作品字字有来历。他的"无一字无来处"仿佛是定评,自此一直为人津津乐道。乍一看,这句话是高度赞扬;细一思,岂非反而贬说杜诗、韩文无创新!既无创新,他们又岂能成为大诗人、大文豪呢?把杜诗、韩文的伟大说成是从书本中讨生活的结果,显然,这种"无一字无来处"的评价是不足为训的。

然而在某个意义上说,优秀的作品应是"无一字无来处"的,但其来处应该是作者的生活。如果作者的生活经验丰富,感受、体验深刻,一支笔又能曲尽其妙地写出来,就能产生好作品。反之,一味资书以为用,作品无生活基础,无自己的思想,就好比生活拮据,靠借债度日,内容哪能不贫乏不空虚?等而下之的是干脆抄,则不仅借债度日说不上,竟是巧取豪夺了。例子我在《偷书与抄书》等文中举了一些,现再举一例。清代王士禛在《渔洋诗话》中说:"在广陵,有蜀士投诗一卷。余阅竟曰:'中惟乐府三篇最佳。'后二十年,以詹事祭告南海,至广州,见罗浮布衣陈恭尹元孝,则三诗皆陈旧作,蜀士窃取人行卷者也。"近日读报,有一篇文章中说到有人蹈袭未译出的外国小说,自己所写小说,不仅故事内容、情节结构与之差不多,而且语句也雷同。如果真有其事,那蹈袭又别开生面了。

有的作家在自己的作品中也有句子雷同的现象。举赵翼《瓯北诗话》中二例。一例是:"放翁万首诗,遣词用事,少有重复者。惟晚年家居,写乡村景物,或有见于此,又见于彼者。《老境》云:'智士固知穷有命,达人元谓死为归。'《寓叹》又云:'达士共知生是赘,古人尝谓死为归。'……"另一例是说元遗山:"遗山复句最多,如《怀州城晚望少室》云:'十年旧隐抛何处,一片伤心画不成(注)。'《重九后一日作》云:'重阳拟作登高赋,一片伤心画不成。'《雪香亭杂咏》十五首内有云:'赋家正有芜城笔,一段伤心画不成。'……"著名诗人陆游、元好问自己诗中这种雷同现象该怎么评价呢?有人说是自相蹈袭,也有人说是由于经历同,意境共,一再触及自己感情深处而发的缘故。然而,不管怎么说,在最精练的语言——诗中,句子这般雷同总不大好。

古代前后诗人句子相同的事也不少。宋人罗大经《鹤林玉露》乙编卷之三"诗犯古人"一节中举了不少例子,其中:"唐僧诗云:'河分冈势断,春入烧痕青。'有僧嘲其蹈袭云:'河分冈势司空曙,春日烧痕刘长卿。不是师兄偷古句,古人诗句犯师兄。'此虽戏言,理实如此。"这是记一僧嘲讽另一僧抄袭古人"河分冈势""春入烧痕"的诗句入己诗。然而,罗大经紧接着又开脱说:"作诗者岂故欲窃古人之语以为己语哉!景意所触,自有偶然而同者,盖自开辟以至可以相同呢?"景意所触,偶然而同的现象被称为"偶合"或"暗合",用现在的话说,就是无意中"撞车"了,和蹈袭完全是两码事。"暗合"最有名的例子是宋初诗人王禹偁的一首诗。

王禹偁贬官商州团练副使,赋《春日杂兴》云:"两株桃杏映篱斜,装点商州副使家。何事春风容不得,和莺吹折数枝花。"反映了诗人的失意心情。其中有两句与杜甫的"恰似春风相欺得,夜来吹折数枝花"很相近,其子嘉祐因此请他改一改。禹偁听了反而高兴地说:"吾诗精诣,遂能暗合子美耶!"终究不改。周振甫在《诗词例话·偶合》中分析说:"两人都在失意中,都对着落花感叹,所以产生相类似的感情。"这相类似的感情就是诗人觉得自己给人"欺得"或"容不得"。景意相同,句遂暗合,恰恰说明了生活是创作的源泉。

蹈袭与暗合的分野在于写作有无生活基础。深入生活,认识生活,体验生活,从中吸取丰富的养料,才是写作应遵循的正道。

注:唐末诗人高蟾《金陵晚望》:"曾伴浮云归晚翠,犹陪落日泛秋声。世间无限丹青手,一片伤心画不成。"

委曲与意尽

报纸上常常有人呼吁写短文,确是合乎现在紧张生活节奏的合理要求。古人也有把文章写得简短的主张。桐城派文章家刘大櫆说:"文贵简。凡文笔老则简,意真则简,辞切则简,理当则简,味淡则简,气蕴则简,品贵则简,神远而含藏不尽则简,故简为文章尽境。"且不说所论述的是否得当,但言辞恳切,能启发人们思考怎样才能把文章写得简短些。

文章要简短,但不能因此内容空虚贫乏,而是要丰满充实。老舍在《多练基本功》中说:"文字要写得简练。什么叫作简练呢?简练就是话说得少,而意思包含得多。"为短而短,是不足取的。文笔委曲,文章跌宕生姿倒是文短意丰的一法。

王安石的《读孟尝君传》,总共89字,曲曲折折写了四层意思:世人说孟尝君能得士;他所得不过是鸡鸣狗盗之徒;若真得士他将更有作为;士不至其门,故他不能得士。文章很短,但内容丰富,环环相扣,说理透辟。

一首短诗写得情意委曲,同样能包含许多情景。课外我坚持组织学生读诗,其中刘皂的《旅次朔方》就是这样的一首:"客舍并州已十霜,归心日夜忆咸阳。无端更渡桑干水,却望并州是故乡。"刘皂作客并州十年,日夜思念故乡不忘;今更渡桑干水远去,感到南归更无期,此时此地他就把并州也视为故乡了。寥寥28字,曲折婉转,反映了何等深沉缠绵的故国之思!

在这方面最值得称道的是杜甫的《新安吏》。杜甫在兵荒马乱中经过新安道,看到了点兵的情况,心潮澎湃,写下了这首不朽的诗篇。诗中写了:新安小县壮丁已抽光;于是抽不足龄的中男;中男还很短小,有瘦有肥,有母无母,有送无送;行者哭,送者哭,宛若山亦哭,水亦哭;诗人劝说:哭无用,即使哭干眼泪,眼枯见骨,天地(朝廷)总是无情;悲愤至于顶点,突然一转,又劝说:现在官军不乏食,役亦轻,平定叛乱应天顺人,长官郭仆射(郭子仪)会像父兄一般对待他们。这首不长的诗用笔分了这么多的层次,包含了这么多内容,反映了杜甫多么复杂的感情!用笔有如此惊人的功力,怎不使人折服?明杜诗研究家王嗣奭对此赞叹不已,在《杜臆》一书中写了一个十分精彩的解说。写到最后这位杰出的研究家说:"余年二十而读此诗,年八十而枕上得此解,为之一快。"这种肺腑之言清楚地告诉人们文简意丰的佳作多么耐人咀嚼,耐人寻味。为求透彻理解,王嗣奭竟要花六十年工夫!

文章要写得短,还应不硬写。鲁迅曾告诫说:"写不出的时候不硬写。"心中没什么要说的就不必硬说,意思讲完了不必往下添蛇足。王羲之的儿子王子猷,在一个雪天忽想起戴安道,立刻乘小船经宿方到戴的家门前,竟不入而返。别人问他什么缘故,他回答说:"兴尽而返。"当然,这则故事反映了晋人风度,如果说对写文章有所启发的话,那就是:意尽即止。唐代科举考试中也有一段类似的佳话。据《唐诗纪事·祖咏》记载:"有司试《终南山望余雪》诗,(祖)咏赋云:'终南阴岭秀,积雪浮云端。林表明霁色,城中增暮寒'四句即纳于有司。或诘之,咏曰:'意尽。'"这四句是祖咏参加省试(礼部试)的诗。唐省试须五言排律,一般用六韵。祖咏写了两韵,因"意尽"就不再生拼硬凑往下写成六韵排律。然而,唯其如此,恰恰成了一首好诗。这首短诗与钱起的《湘灵鼓瑟》历来被人认为是唐代省试诗中不可多得的佳制。

道理很明白,蛇画完了,何苦去添足?意尽即止,反而令人回味无穷。

"坐不读书"

王安石因变法被人骂为祸国殃民,但即使许多痛骂他的人也不能不承认他学识渊博。王安石也如此看自己。在《答曾子固书》中,他自诩,"某自百家诸子之书至于《难经》《素问》《本草》;诸小说,无所不读。"至于熟读儒家经书,当然不在话下。他与人辩论时,也常说什么"君辈坐不读书耳"。就是当时的文坛领袖欧阳修也不放过。《西塘集耆旧续闻》中记欧阳修作诗因用典不古,反误会王安石答句的意思一事,说:"欧公知其一不知其二,故介甫尝曰'欧公坐读书未博耳!'""坐",因为,"坐不读书",意思是因为不读书。

古人笔记所记,有的是事实,有的不一定可靠,但作为掌故谈谈还是可以的。掌故涉及名人交往的趣事很多,宋人笔记中就有不少关于比较名人读书多少的记载。《西清诗话》:"欧公嘉祐中见王荆公诗:'黄昏风雨暝园林,残菊飘零满地金。'笑曰:'百花尽落,独菊枝上枯耳。'因戏曰:'秋英不比春花落,为报诗人仔细看。'荆公闻之曰:'是岂不知《楚辞》云:'夕餐秋菊之落英。'欧公不学之过也。"这里又说欧阳修竟不知《楚辞》中有"夕餐秋菊之落英"一句,说来说去还是读书少的缘故。这笔账又给人加到苏东坡头上去了,他们说打这场诗文笔墨官司的双方乃是王安石与苏东坡。这样添枝加叶,加油加醋,一直附会而成小说,那就是《警世通言》中的《王安石三难苏学士》一回。小说也是把王安石写成无书不读,苏东坡比不上是因为读书没他多。

这类事写在小说里无所谓,读者可信可不信,更何况有些事的是与非也不是以读书多少来定。读书要紧的应是在"认真"二字上下功夫,不能马马虎虎,穿凿附会。王安石写过一本《字说》,据说就有凭想当然来解释字的嫌疑。此书早已失传,从转引的材料来看有失之穿凿的地方。《高斋漫录》:"东坡闻荆公《字说》新成,戏曰:'以竹鞭马为笃,以竹鞭犬,有何可笑?'又曰:'鸠字从九从鸟,亦有证据,《诗》曰:鸦鸠在桑,其子七兮。和爷和娘,恰是九个。'"苏东坡的讽刺是尖刻的,他以曲解《诗经》来讽刺,正足以说明读书千万不能穿凿附会。

有人读苏东坡和王安石的诗中一句"从公已觉十年迟",如获至宝,赶忙用来为苏东坡对待变法的立场开脱,说:苏东坡归根到底是拥护王安石的政治主张的,以至于发出追随他已迟了十年的感慨。是不是这么回事?显然不是。王安石罢相,退休隐居江宁府钟山,苏东坡由黄州北迁路过江宁时拜谒王安石。他们相见甚欢,以诗酬唱。苏东坡《次荆公韵四绝》中第三首是:

骑驴渺渺入荒陂,想见先生未病时。
劝我试求三亩宅,从公已觉十年迟。

从全诗看,分明是追随王安石退隐太迟了的意思。后来苏东坡离开了,写信给王安石,在《与荆公书》中有这么几句:"屡获请见,存抚教诲,恩意甚厚……始欲买田金陵,庶几得陪杖履,老于钟山之下。"以此印证,上面一句诗的意思是十分清楚的。

我们虽不必动辄以"坐不读书"来责备青少年,但要求他们读书务必认真倒是应该的。

以旧为新

还是在"十年动乱"期间,有一"四人帮"文痞到某大学作报告,故弄玄虚地说出"每下愈况"四字。在那"新精神"满天飞的年月,有些不知此成语出处的人就以为又是什么"新提法"。其实这是古董。《庄子·知北游》:"东郭子问于庄子曰:'所谓道,恶乎在?'庄子曰:'无所不在。'"于是庄子举一连串例子:从道在蝼蚁、稊稗、瓦甓,一直列举到道在屎溺,并且说明他自己越往下比喻,越能把道理说得实在和明白。这就是"每下愈况",况,是由比照而显明的意思。后来这一成语用来表明情况越来越坏,意义有所不同。今天则约定俗成地说成"每况愈下",很少有人说"每下愈况";即使还有人单纯卖弄说什么"每下愈况",也算不得什么新鲜事。

出语有误,将错就错成了成语的也不乏其例。比如说人隐居为"漱石枕流",颠倒得新鲜有趣。照常理该是"枕石漱流",怎样颠而倒之反成成语呢?《世说新语·排调》:"孙子荆年少时欲隐,语王武子'当枕石漱流',误曰'漱石枕流'。王曰:'流可枕石可漱乎?'孙曰:'所以枕流,欲洗其耳;所以漱石,欲砺其齿。'"强词夺理,似通非通,令人发噱。孙子荆;即西晋文学家孙楚,王武子即王济,皆当时名士。"漱石枕流",由美谈而成为成语。后人以"漱石"为名号的往往有之,日本人亦有以之为名的。日本文学家金之助,对中国文学颇爱好,亦以漱石为笔名;夏目漱石的大名世所熟知,原名金之助反而知之者少了。乍看以漱石为名号新鲜有趣,其实其出处是很久远的。顺便再举一类似的趣谈。近代人易宗夔著《新世说》,其"言语"篇中载:"徐敬舆于稠座中,误言金尽裘敝为裘尽金敝。客皆笑之。徐曰:'皮之不存,毛将焉附,非裘尽乎?何意百炼钢,化为绕指柔,非金敝乎?'时贤以比之枕流漱石。"今天还偶有人用"漱石枕流"的典故,至于"裘尽金敝",以我浅陋,未见人用过。名"漱石"者颇有人在,名"金敝"者似乎未见。

以上所说并非要在这些成语本身道是说非,只是想借此进一步来说明社会上有以旧为"新"的现象,而这现象的出现往往由于无知。过去"四人帮"实行文化虚无主义、排外主义,使得青年人很少接触我国古代的和外国的文化。今天一旦接触,有人一经浅尝就以为发现了前所未有的新鲜玩意儿;特别对外国更是如此,殊不知其中不少东西连外国人本身也早已扬弃。对待我国历史上的和外国的文化,正确的做法应是加以鉴别,弃其糟粕,取其精华,以收古为今用、洋为中用之效。李可染于1983年10月在日本举办画展,他在东京答《文汇报》记者问中曾说,他不排外。外来文化中的优秀者,他认为是应当摄取的营养。但要看到自文艺复兴以来,世界上文化思想十分混乱;因此要明辨是非,不能把没落的、堕落的,当成先进和优秀的来摄取。这是十分中肯的见解。

早在1929年,鲁迅就谴责过当时社会上沉渣泛起的现象,指出要防止以陈腐为新奇,不让它们泛起来毒害人们的灵魂。

交白卷与《法家诗选》

张铁生在1973年下半年全国高考中交了一张白卷,得到了"四人帮"的赏识,被冠以"反潮流英雄"称号,加官晋爵,扶摇直上,成了顽固的反革命打手。交白卷竟然成了"英雄",岂非怪事!

历代科举考试中不乏交白卷者,这里举唐代一例,也是一个姓张的。《新唐书·苗晋卿传》载:李林甫专国政,把选拔人的事委苗晋卿。天宝二年,苗晋卿考选张奭为第一名。张奭是御史中丞张倚的儿子,张倚得到唐明皇的宠幸,苗晋卿想依附他,提拔了他的儿子。张奭本无学,却高高选中,舆论嚣然不平。有人把这事禀告了皇帝,皇帝亲自在花萼楼举行复核考试。张奭"持纸终日,笔不下,人谓之'曳白'"。皇帝大怒,将张倚贬官。这件事记在正史上,嗣后历代相传,人们就把交白卷叫作"曳白"。这两个姓张的都是"白卷先生",所不同的是前张当时就倒了霉,后张当时人红特红,成了"四人帮"的"大英雄",真可谓"后来居上"。

可是,"四人帮"并非事事要求其手下人都交白卷,相反还要求他们揣摩并配合其反革命意图交黑卷。不知怎的一部中国历史忽然成了"儒法斗争"史了,于是,赶忙纷纷骂"儒家",捧"法家"。江青的"法家名单"一纸中的人物忽然走了运,于是这个《法家文选》、那个《法家文选》等纷至沓来,热闹非凡。忽然这些"法家"又都变成了诗人,于是又有了《法家诗选》;从屈原选到章太炎。这样的选本行世,又岂非咄咄怪事!

今天当我们一想到"四人帮"毁灭人类知识的文化虚无主义祸害,还会不寒而栗。所幸这已是历史陈迹,应该是一去不复返的了。以前对此千古怪事,我曾感赋二绝:

鬼蜮争奇不肯降,能无史笔细平章?
难兄百步输难弟,"曳白"而今亦是张。

纷纷十载乱如麻,万卉凋余"一束花"。
早死诸公应怪甚,不知哪日成"法家"?

不懂装懂

只消读几本文学家、艺术家的传记，就会发现在文艺圈子里不懂装懂的事很多，有的可能只是传闻，但一直为人津津乐道。文学、艺术一向被认为是高尚风雅的事，有些人附庸风雅，喜欢在文艺圈里浮游，充当雅人。他们明明不懂，强作解人，随声附和，摇唇鼓舌，闹出不少笑话。

有些附庸风雅的人，慑于艺术家鼎鼎大名，以为对于大有名声者，交相称赞总不会错，因而闹出笑话。法国小说家法朗士曾讲过一则关于法国雕塑大师罗丹的故事。罗丹完成了一件雨果塑像巨制：雨果屹立危岩之顶，缪斯、海洋诸神环绕身周。一日，罗丹带领一群记者到自己工作室观看新作。不幸他昨夜离开时忘了关窗，夜里一阵暴雨从窗外灌了进来，把雨果像周围诸神淋得糊涂一团，而雨果像则塌成小丘。此事罗丹一无所知，他打开门，让客人先进去。他随后走进，看到眼前出现的灾难，大为震惊。正在此时，一片赞扬声已轰然而起。"伟大！神奇！雨果出于污泥，多美妙绝伦的象征！真是鬼斧神工！大师是想以此象征举世噩噩而诗人独醒。高尚，纯正，美极了！"罗丹惴惴不安地问道："诸位真是这样想的吗？""当然，确乎是杰作中之杰作！"这一阵子大捧特捧，捧得罗丹哭也不是笑也不是。

有些附庸风雅的人还自以为是"权威人士"，不仅不懂装懂，有时还要指手画脚。米开朗琪罗的雕像《大卫》今天是举世闻名的伟大杰作，据说其最后完成时出了这么一桩事。这件艺术杰作刚竣工,意大利佛罗伦萨市长索德里尼来验收。此人不懂装懂,指东点西地乱批评一通,说什么大卫的鼻子与形体其他部分不成比例,等等。说这要削一点,那要削一点,喋喋不休。米开朗琪罗心知自己是在同什么货色的"权威人士"打交道,一声不响,立即登上12尺高的脚手架,抡起槌在石像不关紧要的地方轰击一阵,顺手撒下他从地上预先抓起的一大把石屑,爬下脚手架等待着市长赞许。果然,那个自命不凡的批评家得意地说:"瞧,现在你确实给它以生命了!"米开朗琪罗暗地好笑,他如愿以偿——得到了400弗洛林的酬金。

英国文豪约翰生博士最不喜欢装模作样,他讲话坦率,往往毫不留情,被看成怪人。一次小宴,坐在他身旁的恰恰是个不懂装懂的人。他竭力奉承博士,用异乎寻常的谄笑表示自己对博士的每一句话都非常赞赏。博士十分气恼,最后实在忍不住了,冲着此人说:"先生,到底是怎么回事？我希望我没有说出什么你竟然也会懂得的话来。"可见,不懂装懂即使拍马,有时也难免拍在马腿上。博士从不装腔,自己不喜欢或不甚了了的事,总是毫不含糊地说出来。有一位夫人问起他是不是喜欢音乐,博士直截了当地回答说:"不喜欢,夫人！不过我认为所有闹嚷嚷的声音中,音乐还是最不令人厌烦的。"的确,欣赏音乐不容易,音乐家也常为知音少而感叹,世传俞伯牙视知音如性命：钟子期死,伯牙终身不复鼓琴,以为世无赏音者了。

不懂装懂而显得极端无知的也往往有之。有一妇人访问了莎士比亚的故乡——伦敦附近的斯特拉福镇,激动不已,直到离境的火车站还心潮澎湃,她指着月台对同游的朋友说:"想想看,这就是这不朽的诗人每次进城所要离开的月台呀！"天知道,生活在十六七世纪之际的莎翁何曾坐过火车呢？

外交场合上,出于礼貌,出于对人尊重,对不懂的事泛泛应景,有时也会闹笑话。美国独立战争时,富兰克林出使法国,受到热烈欢迎。在巴黎的一次文学团体的欢迎会上,许多来宾发言,十分热烈。富兰克林不太懂法语,但为表示礼貌,决定看他熟悉的一位名妇人的表情和举动,照她的样子表达自己的热情,夫人鼓掌时,他也跟着鼓。发言都完了,他身旁的一个小孩对他说:"老爷爷!你常常在赞扬你的地方,鼓掌比别人鼓得热烈。"富兰克林应是无意于不懂装懂,但这场笑话仍然是出在不懂上。

世界如此之大,知识如汪洋大海,哪能懂得多少。正确的态度还应是"知之为知之,不知为不知"。千万不能爱面子,慕虚荣,弄玄虚,强不知以为知。若如此,到头来没有不闹笑话的。

答非所问

学生回答问题有时牛头不对马嘴,会弄得教师很不高兴,甚至觉得这个学生实在笨。学生答非所问会有种种原因,但无论如何,我从未碰到过学生故意这样做的情况。可是,社会上有许多场合,答非所问是故意的、是存心的,是回避正面回答。这不仅不是出于笨,而是出乎狡狯,或者聪明、智慧。鲁迅《野草·立论》一篇,大家一定很熟悉了,其中回答问题就很巧妙。内容是:学生向老师请教写文章如何立论。老师说了一件事。一家人家生了一个男孩,做满月时,贺客盈门。一个说这孩子将来要发财,得到了主人的感谢;一个说这孩子将来要做官,得到了主人的恭维;一个说这孩子将来要死的,得到大家一顿合力的痛打。说富贵是许谎,说要死是必然;但说谎话得好报,说真话反遭打。听完这件事后,学生说:"我愿意既不谎人,也不遭打。那么,老师,我得怎么说呢?"老师答道:"那么,你得说:'啊呀!这孩子呵!您瞧!多么……阿唷!哈哈!hehe! he,hehehehe!'"实际上什么也没说。你能说回答得不聪明狡狯吗?鲁迅的短文无疑是讽世的,那世道不禁使我想起元人郑思肖的两句诗:"逢人但许频点头,好好好好好好好。"

我国戏剧有个优良传统,即是用机智的语言来讥刺时弊,表面上言语不伦不类,实则一下击中要害。先秦时艺人优孟早这样做了,以后的俳优表演、参军戏、杂剧直到京戏中丑角插科打诨也这样做了。其中有不少看来文不对题的言辞,却一针见血地刺中社会的弊病,很发人深省。事例是不胜枚举的,只消翻一翻王国维的《优语录》(近年出版的任二北编著的《优语集》辑录更宏富),就可获得不少此类材料。

旧社会考试不少牛头不对马嘴的答题,也常被引为笑谈。很久以前有一位老医生告诉我一件并非笑话的事。解放前,某医学院招生,生理考卷中有一题为:试述肾脏的功能。交上来的卷子中有一份竟如此回答:"可以炒腰花。"你能断定这位考生一定笨吗?看来恶作剧的情况居多。

西洋人常津津乐道所谓外交辞令,许多外交家善辞令,因而常常在外交场合赢得优势。此外,在一般社交活动中,善辞令也十分重要。法国18世纪末19世纪初长期担任外交大臣的塔列兰颇精辞令,以机智著称,他一言解颐的传说非常多。在一次宴会上,塔列兰坐在社交名花斯塔埃尔夫人和有名的美人丽卡米也尔夫人之间。斯塔埃尔夫人嫉妒好胜,向塔列兰提出一个问题:假如她和丽卡米也尔夫人同时落水,他救谁?塔列兰不作答,被缠不过,最后只得耸耸肩膀对斯塔埃尔夫人说:"啊,夫人,你是会游泳的呀!"答非所问,可是弦外之音是十分清楚的。

智者答问,王顾左右而言他,往往一语破的。有一青年女郎拜访钢琴演奏大师鲁宾斯坦,请求他听她弹奏,并予指教。弹完琴,她问大师:"您看我现在该怎么办?"大师不加思索回答说:"去嫁人。"所答义不对题。刚一听莫名其妙,稍一思索,你能不哑然失笑?

一般说来,答非所问无疑不足取,但若出乎有心人有意而为之,那么探求一下其答案实质所在,也会从中得到不少启发。

"小说家言"

在人们的言谈中,有时会听到"这是小说家言"。言外之意常常是指别人所说或所写不一定是事实,可不必当真。可是千万别轻视这"小说家言",它在群众中的影响可大呢!试以历史人物评价为例,广大群众与其说根据历史真实评价,还不如说往往根据小说中的描绘来评价。千百年来民间对曹操的评价就是这样。正史《三国志》读过的人很少,一部《三国演义》可说是家喻户晓。人们读过小说,听过说书,或看过三国戏,曹操行事奸诈,细黑纹奸白脸在人们心目中就很难抹干净了。于是搞历史的就出来大翻其案!写了不少翻案文章,少不得其中也会有为翻案而翻案的文章。其实对待历史人物的评价动辄标之以翻案也大可不必,以实事求是之意还其本来面目倒是应该的。

我还发现:由于小说家不同的渲染,不同的历史人物性质相同的事,却会在群众中造成截然不同的印象与看法。由此可见"小说家言"之厉害。以历史著作与历史小说相比,一般说来前者反映的面要广,涉及政治、经济、军事、文化等许多方面,即使官家所修史书也是如此,细心的读者掌握较多资料仔细加以分析,可以得到比较真实的印象,作出较正确的评价。至于一般历史小说,对于开国君主容或着重描述其武功,越往后描写得越多的则是政治阴谋和宫廷生活了。唐太宗发动玄武门政变和雍正皇帝夺位应该是同一性质的,所得评价却相反,在群众中造成完全不同的印象,其他原因且不论,"小说家言"则起了重要的作用。

不论史书或小说对唐太宗多所回护,如在皇位争夺中,太宗事事对,太子建成则件件非,太宗发动玄武门之变也是迫不得已。相反,演义小说中的雍正皇帝则被刻画得阴险毒辣。其实,统治阶级内部争权夺利的事常有,也是不可避免的,不应作为评价帝王的主要方面。评价他们主要看他执政后对国家民族有利或有害,贡献与危害大或小。若就这主要方面而言,如果唐太宗对我国社会经济的发展,对扩大民族联系、促进文化交流有重大贡献的话,那么雍正和他父亲康熙皇帝则对于巩固我多民族国家有不可磨灭的贡献。1949年以来,大家都学习历史唯物主义并用来研究社会、研究历史,在创作中大可不必再渲染秦王李世民玄武门之变多么正义,或是雍正多么不正义。孟森说:"要之圣祖诸子,皆无豫教,惟世宗之治国,则天资独高,好名图治,于国有功,则天之佑清厚,而大业适落此人手,虽继统事有可疑,亦不失为唐宗之逆取顺守也。"说唐太宗与雍正皇帝都是"逆取顺守",不无见地。

然则我们若把"小说家言"看成丝毫不反映历史真实,那也未必。即以历史小说而言,所写故事与史实或有出入甚或莫须有,但其中优秀作品往往比史书更能形象地反映出当时社会生活画面,使读者生动地了解到社会风俗习惯和生活方式。从这个意义来说,"小说家言"倒能更好地透过现象反映社会历史真实。我们读宋元明史书,所得社会形象反不如看宋话本、《水浒传》《金瓶梅》、"三言""二拍"等来得具体生动。《儒林外史》通过鲜明的艺术形象,以反对科举制度为中心,深刻地揭露了清代社会的黑暗腐朽;《红楼梦》则通过贾府衰败经过,广泛深入地揭示了封建社会末期种种腐朽没落现象。描绘得生动深刻,入木三分。

有一位负责同志好学,他告诉我除了学理论、政策、经济、历史外,还规定自己经常读一些反映当今社会改革的优秀小说,并用以对照自己的工作,检查自己的思想情操。他深有体会地说:"小说中故事内容或莫须有,但你能说所写的其人其事社会上没有吗?"不鄙薄小说家言,而是如此重视,真正难能可贵!

也谈王熙凤

王熙凤是《红楼梦》作者着意刻画的最动人的艺术形象之一,人们谈得很多了。比如凤姐在书中的出场很独特:未见其人,先闻其声。这一出场正如脂砚斋所批:"第一笔阿凤三魂六魄已被作者拘定了,后文焉得不活跳纸上。"声音过去,角色露面,读者第一眼看到凤姐的打扮,绚烂夺目,写得如火云扑面,花团锦簇。

凤姐是荣国府大权在握、声势显赫的人物,是个爱弄权的"权臣",号令多从她那里来,走后门得找准她,从她那里进去。刘姥姥想到荣国府打秋风,走的就是凤姐的门路。刘姥姥是这样一步一步走的。首先找的是王夫人的陪房周瑞的女人,周瑞家的告诉她:"如今太太(王夫人)竟不大管事,都是琏二奶奶(凤姐)管家了。"刘姥姥立刻悟道:"这等说来,我今儿还得首先见她了。"但实际上,当时还不能直接找凤姐,先得走凤姐的一个心腹通房丫头平儿的门路,经平儿的援引,才通到凤姐身边。凤姐之门打通,往后就路路通了,通到王夫人,一直通到荣国府的老祖宗贾母。我常常以为,"刘姥姥一进荣国府"一回,可当作"走后门列传"看。走后门的人要机敏,刘姥姥不乏这种才能;她懂得不能急于求成,一步登天,要耐着性子从周瑞家的、平儿、凤姐到王夫人,每炉香都烧到;但至关重要的是找准人,刘姥姥后门走成功的关键在于找准了这荣国府的当权人物王熙凤。

王熙凤惊人的权势书上写得很多,不一一列举。这里只举一件事:

秦可卿死了，王熙凤哭灵。书上写道："凤姐吩咐一声：'供茶烧纸'。只听一棒锣鸣，诸乐齐奏，早有人端过一张大圈椅来，放在灵前，凤姐坐了，放声大哭。于是里外男女上下，见凤姐出声，都忙忙接声嚎哭。"（我查了几个版本：1964年人民文学出版社印行的《红楼梦》是"于是里外上下男女接声嚎哭"；1975年上海人民出版社印行的《脂砚斋重评石头记》是"都忙接声嚎哭"，有一"忙"字；1982年人民文学出版社出版的校注本，有"忙忙"两个字，可见整理得好。）好个生动的"忙忙"二字！凤姐哭了，"里外男女上下"都得哭，而且不敢怠慢，得赶忙纷纷号啕大哭，可云"炙手可热势绝伦"的了。

此段细节描写非常出色，有如太史公大手笔。《史记·外戚世家》记载了汉文帝窦皇后与弟弟失散重聚的事。窦皇后的弟弟广国，五岁时给人掠去卖了，辗转卖了十几家主人，吃了大苦。窦后新立时，广国大着胆子到宫廷里去认姐姐。经过反复盘问核对，广国果真是弟弟，"于是窦后持之而泣，泣涕交横下。侍御左右皆伏地泣，助皇后悲哀"。皇后哭了，"侍御左右"赶忙伏地哭，他们心里并不想哭，哭只是为了"帮助"皇后悲哀。亏得司马迁能想出这个"助"字！上面两个"忙"，这里一个"助"，简直是用字如神，真所谓"绝妙好辞"！

王熙凤最厉害的地方是不信鬼神，敢作敢为。"王熙凤弄权铁槛寺"一回中，写她对老尼姑说："你是素日知道我的，从来不信什么阴司地狱报应的；凭是什么事，我说要行就行。"凤姐最大的弱点是逞能，好听奉承。这个老尼姑拼命拍马，一路上把凤姐奉承得"越发受用了"。就是这样一个王熙凤，做了不少坏事，到头来"机关算尽太聪明，反算了卿卿性命"。

燕北闲人谈《红楼梦》

中华人民共和国成立之初,我刚从大学毕业,分配到中学做教师,校长是参加革命多年的老党员,也是有名望的语文界老前辈。老校长有一次对语文教师谈起燕北闲人的《儿女英雄传》说:"这本书运用了道地的京话,语言着实好。"小时候也曾看过这部小说,但只注意惊险的情节,根本没当心书的语言。经老校长提起,少不得又把它找来再读一读。由于带着目的用心去读,深感语言运用确实好,越读越有兴趣。读着读着,脑中渐渐产生一种看法,觉得这本书似乎要跟《红楼梦》唱对台戏。

《儿女英雄传》的故事,看过京戏《悦来店》《能仁寺》的,就略知梗概。女英雄何玉凤为父报仇,改名十三妹,在悦来店与公子安骥相遇,后又在能仁寺从恶僧手中救出安公子与张金凤,并为俩人做媒,使安、张结成夫妻。仇人纪献唐死,父仇已报,玉凤欲出家未成,最后允嫁给了安公子。一金一玉,故书亦名《金玉缘》。作者燕北闲人叫文康,清镶红旗人,家庭由贵盛而衰败,情景与曹雪芹颇相类。文康晚年落拓,块处一室,写了《儿女英雄传》,书于道光年间问世。

燕北闲人著书时,《红楼梦》已在社会上盛行,影响很大,看来他也熟读过,故能顺手运用到自己的书里来。如《儿女英雄传》第二十三回,何玉凤父仇已报,欲遁入空门,作者信手写道:"便说身入空门,又那里给他找荣国府,送进栊翠庵,让他作'槛外人'去呢?"同是这一回,金凤把玉凤同意嫁给自己丈夫之事告诉丈夫,安公子正假惺惺时,金凤说:"只怕见了姐姐,就要忘了妹妹了。"不精心看,以为此语是金凤自况,哪知是作者信手拈来的林黛玉对贾宝玉的话(见人民文学出版社1982年出版的《红楼梦》第401页),引用之妙,真是天衣无缝。

再往下看,此书与《红楼梦》唱对台戏的迹象就越来越明显了。第二十六回,作者在说明安公子与何玉凤"借弓""留砚"非以私情订终身时,得意地说:"这却和薛宝钗心里的通灵宝玉,史湘云手里的金麒麟,小红口里的相思帕,甚至袭人的茜香罗,尤二姐的九龙佩,司棋的绣香囊,并那椿龄笔下的'蔷'字,茗烟身边的万儿,迥乎是两桩事。"进而吹嘘自己一句一字都是司马迁的笔法。一直看到第三十四回就不难发现与《红楼梦》全面比起高下来了,为此作者不惜于故事进行中插进千把字来作对比,说明自己的书不知高明多少。试看:

以主人公相比较,安骥与贾宝玉都是翩翩公子,论阀阅勋华,贾宝玉根基更深。安公子中举人,成进士,点翰林,做大官;贾宝玉却连一个举人也未捞到。

以两人的父亲相比较,"看去同是一样的道学"。但安公子的父亲是"不肯丢开正经";而贾公子的父亲是"丢开正经",以致家教也远比不上。

以两人的母亲相比较,虽同样慈祥,但一个是"一片天良,不肯作冏人";一个是"一味向家庭植党营私"。

以爱人或爱情关系而论,何、张、薛、林同样美丽聪明。何、张对安公子"同心合意,媚兹一人";而薛、林则一个"暗里弄些阴险",一个"一味尖酸刻薄",都落得悲惨的结局。够了,不必摘引对比下去了。总之,作者自以为《儿女英雄传》处处高明。接着燕北闲人竟说他无法理解曹雪芹对"那贾府有甚的牢不可解的怨毒,讲出那么多忍心害理的话来"。在他看来,《红楼梦》简直是一部"谤书"了。鲁迅在《中国小说史略》中一针见血地指出:此书(指《儿女英雄传》)发源于《红楼梦》,而精神正相反,是一部"有憾于《红楼》"的代表作品。

  今天,我们看得很清楚了,燕北闲人所贬之处正说明了《红楼梦》的不寻常,深刻地揭露并无情地鞭挞社会腐恶正是它的伟大之处。虽然人们同样称誉《儿女英雄传》与《红楼梦》为"绝好的京话教科书",但就思想内容而言,前者与后者是无法相比的。燕北闲人的对比,恰恰从反面说明了一部作品的思想内容何等重要!

引人入胜

我喜欢看英国小说,记得早年读哥尔斯密的《威克菲牧师传》,被故事情节、文学手法所吸引,爱不释手。牧师有个美满家庭,夫妇二人,子女六人。他为人善良、端方,但性格迂阔。夫人和女儿性格温顺,但她与长女都爱慕虚荣。作者对于人物的性格弱点,一路上以调侃风趣的笔调往下写,把故事情节写得似乎荒诞离奇。这个美满家庭接连遭到厄运,眼看一时山穷水尽,忽来柳暗花明,意想不到的好运又接连到来,最后以万事如意大团圆结束。我读时觉得其手法与中国相通,有点中国旧小说风味,故事情节引人入胜。别看情节貌似荒唐,恰恰反映了当时英国社会的真实;别看笔调一路嘲弄,其调侃后面的精神倒又十分严肃。牧师的行事令人想到《儒林外史》里的马二先生,在中、英两个大作家的笔下,二人都被写得端方拘谨,迂阔得可笑而可爱。牧师的两个美丽的女儿,大女儿奥利维亚活泼,小女儿索菲亚沉静,作者轻轻几笔就刻画出不同的鲜明性格。两人都十分可爱,难怪这部小说后来牵动德国大文豪歌德的心,因为他21岁时曾有热恋乡村牧师的女儿布里翁的经历。这部小说在德国狂飙突进运动及其后期曾风靡一时,哥尔斯密亦誉满德国。

狄更斯的小说我也爱看。平日虽不太看电视,但每当有狄更斯小说连续剧时总要抽空看看。看过《大卫·科波菲尔》《古玩店》,很有兴趣;但还不如看小说入迷。引人入胜的小说令人放不下来,往往使读者

"替古人担忧"。据说《古玩店》当时在杂志上连载时就出现这种情景。杂志一期一期地在英国出刊,以帆船运送到美国。人们对故事情节越看越入迷,纽约码头上等着买杂志的人越来越多;到小说最后一章的杂志运到纽约时,码头上人头簇拥,竟有五六千人之多。船未靠岸,人们一眼看到甲板上的船长,就迫不及待地问那燃烧在心中的问题:"小奈儿究竟死了没有?"狄更斯的小说常以情节取胜,而其引人入胜则更在于情节发展描写得入情入理。

谈到引人入胜,一定会令人想到我国的章回小说,每到情节变化,就来个"欲知后事如何,且听下回分解",把读者的心逗得痒痒的,急着要看下一回。这种制造悬念的手法,来自旧日的说书人。宋代经济的大发展,城市里出现了游乐场叫瓦子。瓦子里有说话人(话,即故事)说书。说话人为吸引听众一直听下去,就在情节紧要处卖个关子,不再往下说。今天书场中也这样,说书艺人在听众头脑里树个悬念就收场。当然吸引人最主要的不是靠关子,还是靠引人入胜的故事内容和说书艺人高超的技艺。

我国文学掌故十分丰富,英国文学掌故也不少。掌故有真的也有不太可靠的传闻;尽管是传闻,一再说也就当真了。英国文艺复兴时期的诗人斯宾塞,写过一部未完成的长诗《仙山女王》。他的诗优美而富于音乐性,开创了所谓斯宾塞诗体。据说长诗手稿送到当时著名的文艺庇护人索斯安普顿伯爵手里。伯爵读了几页,立即命人赏赐作者20英镑。再往下读,又兴冲冲地说:"再赐20镑。"读着读着不能自已,最后竟不得不说:"快把那家伙赶出去,再念下去我非破产不可!"这传说妙在对这引人入胜的长诗始终没叫出一个"好"字,实际上则把它说得好得无以复加。我国有名的长诗较少。伟大诗人屈原的《离骚》被认为"可与日月争光",但今天读来不容易理解。《孔雀东南飞》《木兰诗》则较易读,情节文采动人,令人一气读下去不肯释手。

传记文学写的是真人真事，写得好也引人入胜。它在我国有优良传统，大量以人物为主体的纪传体史书也可作传记文学看。伟大历史学家司马迁的《史记》就是典范，被鲁迅誉为"史家之绝唱，无韵之《离骚》"。历代优秀史家、传记作者人才辈出。但在我国封建社会还不见像西方近代那种大部头传记名著。西方的优秀传记文学作品不少，其中英国18世纪作家包斯威尔所写的《约翰生传》可算佼佼者。包斯威尔追随约翰生博士多年，时相过从，友谊深厚。他利用每一相处机会，记录博士的音容笑貌，以及交往人物，积累大量资料，写成这本传记。传记用逐年记述形式，运用大量第一手材料，除记录博士日常言行风采外，还描绘了当时的英国文化界，是一部别开生面、对后世传记文学有深远影响的名著。本文一开头提到的《威克菲牧师传》如何在博士帮助下才出版的故事，即见于此传记中。英国著名文人麦考莱称此书为所有传记中首屈一指的，卡莱尔则认为18世纪所出版的著作都超不过此书。

《约翰生传》叙事翔实，文笔生动，引人入胜，下面举一位瑟洛爵士初读此书的轶事。瑟洛爵士与博士平素互相敬重，他与包斯威尔亦有交谊。事情发生在传记刚出版时，瑟洛匆忙穿过国会大街去参加贵族院会议，时间已迟，路上包斯威尔招呼他，问："您是否看过我的书？"爵士回答说："看了，好家伙，字字珠玑，使我丢不开手！"

我们还可欣赏雷诺兹爵士所画约翰生的肖像，这也是一幅有名的肖像画。雷诺兹是传记中提到最多的博士的至交，难怪那张肖像画如此形神毕具：朴实无华的约翰生博士，左手按着稿纸，右手拿着鹅毛笔，硕大的头颅微向右偏，眼往左上睨，仿佛在思考什么。这幅画也是非常引人入胜的。

强中更有强中手

我国文学作品中写强中更有强中手较多的,要数神怪小说和武侠小说。神怪小说写神怪斗法,法术一个比一个强,比较容易,作者大有发挥想象力的余地。但这类小说离生活太远,小时喜欢看,大一点就不那么喜欢了。武侠小说不能像神怪小说那样太脱离实际,但也往往写一个比一个高强,到最后就不得不借助神力出来斗法。《水浒传》无疑是我国一部文学名著,但也多少有类似情况。试看,前面着意描写的英雄人物如林冲、鲁智深、武松、李逵等,个个性格鲜明,有血有肉,写得有声有色,读时令人不肯释手。可是写到后面,英雄人力不济,只好借助神力,于是有高廉、公孙胜斗法场面,脱离实际,我就不爱看了。

还有一种常被运用的写作手法:以大量篇幅着意刻画前面出场的人物,把他们写得很出色,而写后出场的人物却寥寥几笔,用千钧之力压上去,把他写得无与伦比。这种手法运用得出色的也有不少,杜光庭的《虬髯客传》就是一例。这篇小说意在突出唐太宗李世民是"真英主也",而作者在他身上所用笔墨不多,却以大量笔墨写李靖和虬髯客,对虬髯客更是不遗余力地着意刻画。人们都知道,历史上的李靖是唐初有名的才兼文武、出将入相的人杰,可是他在小说中只是陪衬。相比之下,小说中的虬髯客比李靖更豪迈沉毅。大量刻画已把虬髯客写得无比英杰,但与李世民一比又远远不如,而妙就妙在写李世民笔墨很少。虬髯客要亲自相看李世民,出现在他面前的李世民是:"不衫不履,裼裘而来,神气扬扬,貌与常异。"如此风神,虬髯客只好"见之心死"了。可是虬髯客还要请他的道兄再相看一下。作者又写道:"俄而文皇到来,精彩惊人,长揖而坐;神气清朗,满座风生,顾盼炜如也。"真是光彩照人,道士也只好"一见惨然",连手下的棋也输了。隋末天下大乱,英雄竞起,虬髯客本想趁机做一番大事业,眼看已出了致太平的真命天子,自己只好到海外去创立基业了。前面的人物刻画得够淋漓尽致了,而后边几笔把心中主要人物更加鲜明地显现在读者眼前,《虬髯客传》的作者不愧为大手笔!

类似这种手法,历史文学中亦不乏其例。《史记·高祖本纪》记刘邦与群臣论楚汉兴亡,最后他说:"夫运筹策帷帐之中,决胜于千里之外,吾不如子房。镇国家,抚百姓,给馈饷,不绝粮道,吾不如萧何。连百万之军,战必胜,攻必取,吾不如韩信。此三者,皆人杰也,吾能用之,此吾所以取天下也。"刘邦对张良、萧何、韩信三人评价很恰当,三人都是不可多得的人杰。然而好一个"吾能用之",一笔就压到三杰头上,刘邦不是更高人一筹吗?

俗话说:"螳螂捕蝉,黄雀在后。"狠的还在后头。有时,文艺作品中这"黄雀"未必露面。记得小时候看《日出》,觉得李石清够狡狯的,可败在潘月亭手里,后者更厉害;然而强中更有强中手,潘月亭又斗不过阴狠毒辣的金八爷,最后落得破产自杀。看戏前我并未读过剧本,总以为金八迟早得出场,哪知终场未露面,然而这金八爷的魔影已深深刻在自己的脑里。

轶事传闻用这种手法写的也有,这里举一个外国的例子。20世纪初期最有名的小提琴家要数弗里茨·克莱斯勒、米夏·埃尔曼、雅夏·海菲兹,关于他们流传着这样一个小故事:有一次,海菲兹和埃尔曼一起在一家常为艺术家光临的饭店进餐。侍者手持一盘走到桌旁,盘托一信,信封上写着"致世界上最伟大的提琴家",可是没有具体人名。海菲兹从盘里取出信,一弯身递过桌子,给埃尔曼说:"米夏,这是给你的。"埃尔曼接过一看,赶紧递了回去:"不,不,雅夏,是给你的。"两人推来推去,最后海菲兹被说服拆开此信。海菲兹打开信封,抽出信纸一看,纸上赫然在目的第一行字是"亲爱的弗里茨",是写给当时并未在座的弗里茨·克莱斯勒的。小故事编者巧妙地排定了三人的交椅。然而这三人的高下,论者一向见仁见智,似无定论。这小故事的编撰者也许是"弗里茨"吧?

这种主题写法上五花八门,但运用之妙,各有千秋。

沾 光

战国时毛遂自荐的故事大家都非常熟悉。《史记·平原君虞卿列传》中有戏剧性的叙述：秦围赵之邯郸，平原君带领食客毛遂等到楚求救。毛遂是自告奋勇前往的，靠他的机智，赵得与楚歃血为盟。最后毛遂对平原君的其他19个随行者说："公相与歃此血于堂下，公等碌碌，所谓因人成事者也。"太史公叙述平原君向楚求救这件事，文字中为后世引用的成语有三：用得最多的是"毛遂自荐"，其次是"颖脱而出"（通常作"脱颖而出"），再就是上面所写到的"因人成事"。"因人成事"是说靠人家才把事办成，有沾光的意思。这件事是说十几个庸人沾了能人毛遂的光。

明朝"后七子"之一宗臣，写过一篇《报刘一丈书》，信中揭发了严嵩父子怙宠揽权时，无耻之徒奔竞其门下的丑态。钻营者暮夜乞怜，白昼骄人，"马上遇所交识，即扬鞭语曰：'适自相公家来，相公厚我，厚我！'且虚言状"。无耻之状，刻画得入木三分。这封信是对走权门，叨权相威势之光往上爬的世态的无情鞭挞。

揭露社会上叨高官之光，以之风光自己的笑话也常有。《两般秋雨庵随笔》有一则批评写诗傍人门户，说："吴修龄《围炉诗话》云：'今人作诗，动称盛唐。曾在苏州，见一家举殡，其铭旌云：皇明少师文渊阁大学士申公间壁豆腐店王阿奶之灵柩。可以移赠诸公。'此虽虐谑，然依人门户者可以戒矣！"豆腐店在大学士府第间壁，店里死了王阿奶，铭旌上可借以风光风光。

说到题铭旌,不由想起《儒林外史》中"向观察升官哭友"一回。向道台曾经得到过伶人鲍文卿的好处,文卿死了,他的儿子正愁父亲因社会地位低,难以找到人题铭旌,正好向道台来了。道台不管与死者社会地位的悬殊,竟叫着"文卿老友"大哭一场,并取笔题了铭旌:"皇明义民鲍文卿享年五十有九之柩。赐进士出身中宪大夫福建汀漳道老友向鼎顿首拜题"。写上大串官衔,自称是伶人的老友,这举动在封建社会简直是冒天下之大不韪。在那个时代,伶人出殡,得到道台题铭旌,的确风光不小。

文人写书,别人列名沾光的事亦复不少,对此吴敬梓在《儒林外史》里有个很有意思的说法。书里的马二先生是正直而拘迂的读书人,他靠选时文为生,并在此行中颇有名声。他选了一本《历科墨卷持运》,给前来拜访他的蘧公孙看到了。蘧公孙笑着对他说:"请教先生,不知尊选上面可好添上小弟一个名字,与先生同选,以附骥尾?"这分明是想站封面,沾沾光。为此马二先生竟说出了一番大道理。他正色道:"这个是有个道理的。站封面亦非容易事,就是小弟,全亏几十年考校的高,有些虚名,所以他们来请。难道先生这样大名还站不得封面?只是你我两个,只可独站,不可合站,其中有个缘故。"什么缘故呢?且听马二先生说:"这事不过名利二者。小弟一不肯自己坏了名,自认做趋利。假若把你先生写在第二名,那些世俗人就疑惑刻资出自先生,小弟岂不是个利徒了?若把先生写在第一名,小弟这数十年虚名,岂不都是假的了?"马二先生的确老实,干脆说出这站封面不过是名利两者。他说只能一人独站,在那时也颇言之成理。今天合著书作者争名次的事也有。更有甚者自己一字未写,作者送稿来求教,轻易就把自己的名字放到封面上去,还要放在作者前头,这就不只沾光,简直是巧取豪夺了。

所谓沾光应该是一人沾别人的光,然而有没有自己沾自己光的事呢？居然也有。近见书面烫金的《诺贝尔文学奖获奖作家小说选》，从中得到启示。照理说，诺贝尔奖获得者的作品未必篇篇都好，但盛名之下，世人常刮目相看。未出名青年的稿子发表难，成名作家发表易。成名作家即使很一般的作品书刊也争着要，这也许是自己沾了自己金字招牌的光吧！

讲诗一得

欧阳修的《六一诗话》中有这样几句:"又若温庭筠'鸡声茅店月,人迹板桥霜',贾岛'怪禽啼旷野,落日恐行人',则道路辛苦,羁愁旅思,岂不见言外乎?"这里且不谈贾岛的两句诗,只谈温庭筠的。温庭筠《商山早行》:"晨起动征铎,客行悲故乡。鸡声茅店月,人迹板桥霜。槲叶落山路,枳花明驿墙。因思杜陵梦,凫雁满回塘。"其中"鸡声"一联,写荒村野店的旅人被鸡鸣唤起,残月还挂在天上,天只蒙蒙亮就行路了,板桥上严霜未消,留下了征人的脚印,道路辛苦的情景如在眼前。这两句未用动词,单单写了六个具体事物,一连串的名词鲜明地绘出一幅羁旅行役艰辛的图画。

运用具体事物、通过形象来表现人们的心情而为人津津乐道的还有马致远的《天净沙·秋思》:"枯藤老树昏鸦。小桥流水人家。古道西风瘦马。夕阳西下,断肠人在天涯。"前三句没有一个动词,每句写了三件具体事物,有机地集合在一起,活画出秋天肃杀的景象。而且时当夕阳西下,流浪天涯的人在这萧索的秋光里怎能不断肠呢?

诗词中更有用一连串动作烘托气氛的,有名的句子如杜甫《兵车行》中的"牵衣顿足拦道哭,哭声直上干云霄"。为便于说明起见,引该诗起首几句:"车辚辚,马萧萧,行人弓箭各在腰。爷娘妻子走相送,尘埃不见咸阳桥。牵衣顿足拦道哭,哭声直上干云霄。"多么悲壮的出征场面!出征的、送行的如此之多,车驰马嘶,尘土飞扬,弥漫天际,连咸阳桥都看不见了。"牵衣""顿足""拦道",煞尾交织成一个"哭",一句四个动词;下句开头紧接又一"哭"字,哭声一大片,一直冲上云端,多么惊心动魄!教师讲解时只消顺势而下,感情随句倾泻,就能收到良好效果。

有的诗词讲解,却要打乱句子的顺序,才能收到更好的效果。比如李后主《浪淘沙》的上片:"帘外雨潺潺,春意阑珊。罗衾不耐五更寒。梦里不知身是客,一晌贪欢。"北宋灭南唐,李后主被俘,押到汴京,被软禁起来,一举一动都受到监视,过着"日夕以泪洗面"的生活。词里说到只有梦里忘掉身是俘虏,才能得到片时的欢乐。如顺着句子,从"帘外雨""春已残""五更寒""身是客"讲下去,感情就平淡。可以从中间一句讲起:天已五更,寒气袭人,诗人从梦中醒来,听得帘外雨声潺潺,已是春将尽了的时候。忘掉身为臣虏,才有一会儿欢乐,那只是在梦里;梦醒了,片时的欢乐也就烟消云散。这样讲情致缠绵,推波助澜,顺势引出作者下片的"流水落花春去也,天上人间"的深沉感慨。王国维说:"尼采谓:'一切文学,余爱以血书者。'后主之词,真所谓以血书者也。"李后主从皇帝变成囚徒后的词确是如此。

从上面所举的例子看来,诗词无一定的教法,须视其本身的特点而定;教其他体裁的课文也一样。但有一点又是相同的,那就是要讲得入情入理,只有如此,才能深深打动人的心。

说理短诗

歌德曾对爱克曼说,他如果作诗人,还想表现什么观念的话,就用短诗来表现,因为在短诗中较易显出明确的整体性和统观全局。歌德还以他的动物变形和植物变形两种科学研究及《遗嘱》之类的小诗为例,作了说明。歌德的确写过一些异常优美的哲理诗,上面提到的且不说,请看《二裂叶银杏》这一首:

从东方移到我园中的
这棵树木上的叶子,
含有一种神秘的意义,
它使识者感到欣喜。

它是一个生命的实体,
由它自己自行分离?
还是两者选配在一起,
而被人们看成一体?

为了回答这样的问题
我发现了真正的含义,
你没有根据我的诗章,

感到我是一，而又成双？

这种中有缺口的银杏叶，看上去一分两瓣，又像两瓣合一，使人感到"含有一种神秘的意义"，诗人竟由此"感到我是一，而又成双"。诗写得多么清新，哲理又何等深沉！

无独有偶，我国以往的说理诗也往往是短诗短词。唐末胡曾写过一百五十首咏史诗，是七言绝句。今举《汉宫》一首：

> 明妃远嫁泣西风，
> 玉簪双垂出汉宫。
> 何事将军封万户，
> 却令红粉为和戎！

诗通俗易懂，感慨系之，读来朗朗上口。至于李清照的《夏日绝句》"生当作人杰，死亦为鬼雄。至今思项羽，不肯过江东"，更是脍炙人口。

评诗、评词、评画等诗多是七绝。杜甫的《戏为六绝句》，开以绝句论诗之端。继而有名的如金人元遗山《论诗绝句》三十首，颇传于世："厥后宋牧仲、朱锡鬯之论画，厉太鸿之论词论印，递相祖述，而七绝中又别启一户牖矣。"近人夏承焘则有《瞿髯论词绝句》，有八十余首之多。其他不胜枚举。

最后值得特别提一提的是朱孝臧以短词论清代名词人词。兹举论王夫之词一首：

> 苍梧恨，
> 竹泪已平沉。
> 万古湘灵闻乐地，

云山韶濩入凄音。

字字楚骚心。

　　用的词牌为《忆江南》。此词调确如歌德所说"较易显出明确的整体性和统观全局",用来评诗评词很好:第一句三字可点题,中间三句展开议论,最后五字一句收总评之效,实在妙得很!

太真遗事和昭君诗

《容斋续笔·唐诗无讳避》云:"唐人歌诗,其于先世及当时事,直词咏寄,略无避隐……如白乐天《长恨歌》讽谏诸章,元微之《连昌宫词》,始末皆为明皇而发。"据此,陈寅恪申论说,"唐人竟以太真遗事为一通常练习诗文之题目,此观于唐人诗文集即可了然。但文人赋咏,本不是史家纪述。故有意无意间逐渐附会修饰,历时既久,益复曼衍滋繁,遂成极富兴趣之物语小说,如乐史之所编著之太真外传是也。"

陈先生的见解实是发人深思。"练习诗文题目"常用的除唐明皇、杨贵妃的故事外,似乎还有昭君事迹。自古及今流传了大量咏昭君的诗,诗意不断翻新。前文所举胡曾的《汉宫》一首,就是咏昭君的。咏昭君最有名的诗是王安石的《明妃曲》二首。诚如黄生《载酒园诗话》所评:"王介甫《明妃曲》二篇,诗犹可观,然意在翻案。"此诗一时和者甚多,有名的如欧阳修《明妃曲和王介甫》《再和明妃曲》,司马光《和王介甫明妃曲》等。当代史学家翦伯赞有《游昭君墓》六首,史笔诗情并胜,录一首以见一斑。

> 千首哀词万首诗,
> 同声歌哭说妍媸;
> 和亲本是汉家策,
> 出塞如何怨画师?

诗意是十分新颖的。

上面所谈涉及写作的题材问题。关于写作题材,《歌德谈话录》里写道:"如果采用现成的题材,情况就大不相同,工作就会轻松些,题材既是现成的,人物和事迹就用不着新创了,诗人要做的工作就只是构成一个活的整体……我甚至劝人采用前人已用过的题材。例如伊菲姬尼亚这个题材不是用过多次了吗?可是产生的作品各不相同,因为每个作家对同一题材各有不同的看法,各按自己的方式去处理。"大量昭君诗的写作正是如此。

这些意见值得研讨命题作文时参考。

"算博士"

郭沫若的《武则天》一剧开头就借上官婉儿和太子贤之口,调侃唐初四杰之一的骆宾王。

上官婉儿:不,我是来通禀的。那位算学博士又来了。

太子贤:算学博士?你说的是谁?

上官婉儿:就是那位老头子诗人骆宾王呵。

太子贤:(笑出)哦,你真调皮!你已经给他取下诨名了。你为什么叫他做算学博士?

上官婉儿:你没有看到,在他的诗里面,总有好些数字,在加减乘除吗?

太子贤:对,我看到他的《帝京篇》。那倒是费了工夫做的。什么"秦地重关一百二,汉家离宫三十六"……

上官婉儿:"还有呢!""三条九陌丽城隈,万户千门平旦开";"小堂帐绮三千万,大道青楼十二重"……

太子贤:哈哈,你的记性真好!

上官婉儿:"且论二八千金是,宁知四十九年非。"

原来是骆宾王诗中常用数字而得算学博士之名。

贸然一看,这"算博士"好像今天的数学博士,其实不是,而是唐代国子监六学最末的算学专科学校教师，人们把它加之于诗人头上除调侃外，还略有看不起的味道。这就得稍为介绍一下唐代的教育制度。

唐代国子监六学是：国子学、太学、四门学、律学、书学、算学。学生入学资格限制很严：国子学，限于文武官员三品以上子孙等；太学，限五品以上子孙等；四门学，限七品文武官员的儿子等；律学、书学、算学，是技术专科性质，入学资格限制较宽，凡八品以上子孙以及一般庶民子弟均可入学。从顺序看，算学最后，学生名额亦少，只三十人；教员名额为博士二人，此外助教一人，典学一人。由此可知，这算博士有点像今天专科学院数学教授，然而在当时看来是不起眼的。

我们不能说诗里用上数字就是毛病，生活里有数字，诗里就会有数字，更何况运用得妙能增添情致，使诗生色。例子只就教学所及略举一二："黄鹤一去不复返，白云千载空悠悠"；"飞流直下三千尺，疑是银河落九天"；"三万里河东入海，五千仞岳上摩天"……青少年学生读起来都十分喜爱的。

诗中数字用得较多的是"一""三""千"三个字，而以"三千"连用最常见。数字一、二、三、四、五、六、七、八、九、十、百、千、万、亿等，其中今天读平声的有一、三、七、八、十、千几个，但就古汉语而言，一、七、八、十都是入声。这一来，古汉语中数字平声的只"三"与"千"两个，写诗为适应格律方便起见，这两个数字少不得用得多了。例子不胜枚举，前面曾提到李白的"飞流直下三千尺"，还可信手举他为人熟知的诗句"白发三千丈"。至于白居易的诗中就更多了。如《白氏长庆集》中有："江上三千里，城中十二衢""二十年前别，三千里外行""白云三千里""青山举眼三千里""三千里外远人行"等。

我还想举一首张祜的《宫词》："故国三千里，深宫二十年。一声河满子，双泪落君前。"全诗二十字中，用了三千、二十、一、双等数字，不仅不觉得堆砌，还使人感到宫女的哀怨是那么凄凉缠绵！此外，"三千"之数还常被引用来形容桃李满天下,出自《史记·孔子世家》,"孔子以诗、书、礼、乐教,弟子盖三千焉"。也有以"三千"形容著述之富,陈寅恪《挽张荫麟》:"流辈论才未或先,著书曾用牍三千。"出处是《史记·滑稽列传补东方朔传》:"朔初入长安,至公车上书,凡用三千奏牍。"他的书实在太重,两人共持仅能胜之,汉武帝读了两个月。

"一"字在日常生活中用得特别多,单以成语而言,如"一心一意""一朝一夕""一板一眼""一唱一和""一模一样""一来一往"等。我随便打开手边的《汉语成语词典》一数,归在"一"字下的成语竟有五百来个。上列词法用到诗句中也很多,如李白的"一叫一回肠一断,三春三月忆三巴""一杯一杯复一杯""会须一饮三百杯"。"一"有的是数字实用,有的只是虚词。再以杜甫的《石壕吏》为例,可以看得清清楚楚:"吏呼一何怒,妇啼一何苦!听妇前致词:三男邺城戍;一男附书至,二男新战死……"其中"一何"之"一"作语助词,以加强语气;其余一男之"一"与二男、三男之数字一样皆实数。运用之妙实是罕见,读者仿佛被带到了"有吏夜捉人"的悲惨的现场。

诗中数字的妙用当然不止以上几个方面。仅举几端即可见一斑。现在得回到"算博士"三字了,如果诗人中要推"算博士",唐代第一名恐怕要数白居易,当然这里没有丝毫讥讽调侃的意思。

诗文中的"东南西北"

《木兰诗》:"愿为市鞍马,从此替爷征。东市买骏马,西市马鞍鞯,南市买辔头,北市买长鞭。"表明当时出征要自买鞭、马、鞍鞯、辔头,这些情况史书语焉不详,赖诗歌传写才略知梗概。至于古时市制,不一定课上给学生详讲,课后学生问到可说明。我国宋代以前,城市中一般是商业区与居民区分开,市区开市闭市有一定时间,无夜市。如唐代首都长安,亦有专门商业区东市西市,定时开市闭市。至北宋,城市内商业活动已打破固定地区和营业时间的限制,沿街开店,且出现夜市。要准备学生问:"难道买东西还限制东南西北吗?"这一问就牵连到诗文中"东南西北"的表达形式了。

《楚辞·招魂》:"魂兮归来!东方不可以托些……魂兮归来!南方不可以止些……魂兮归来!西方之害流沙千里些……魂兮归来!北方不可以止些……"大致招魂之作,希望死者的灵魂归故土,故土逸说,"外陈四方之恶,内崇楚国之美"。

再如游仙诗,也往往"叙妙思,托配仙人,与俱游戏,周历天地,无所不到"。曹植的《游仙诗》中有"东观扶桑曜,西临弱水流,北极玄天渚,南翔陟丹邱"的诗句,亦是东西南北分开写的。曹植受到曹丕的猜忌,汲汲无欢。他的封地屡次迁移,感到身世如"转蓬"。在《吁嗟篇》中有"东西经七陌,南北越九阡……当南而更北,谓东而反西"的诗句。这诗非游仙,乃是感叹身世,东西南北也不过泛泛指方位而已。

我国古代诗人"东南西北"的诗句俯拾皆是，这里仅举伟大诗人杜甫的一些诗句。《咏怀古迹五首》第一首开头二句是"支离东北风尘际，漂泊西南天地间"。这里"东北""西南"皆非泛指，第一句指安禄山在东北蓟州造反，第二句指自己在西南天地间漂泊。也有"东南西北"纳入一句的，如"今春喜气满乾坤，南北东西拱至尊"（《喜闻贼盗蕃寇总退口号五首》其五）。又《追酬故高蜀州人日见寄》："东西南北更堪论，白首扁舟病独存。遥拱北辰缠寇盗，欲倾东海洗乾坤。边塞西羌最充斥，衣冠南渡多崩奔。"一句"东西南北"总提，下即分疏，运用自如，何等跌宕！

旧时新居上梁要有上梁文。上梁时举行仪式，以糕团抛向四方，叫作抛梁。辛弃疾有一篇《新居上梁文》，云"稼轩居士，生长西北，仕宦东南"，建新居室上梁，"始扶修栋，庸庆抛梁"，下面抛梁词有："抛梁东，坐看朝暾万丈红"；"抛梁西，万里江湖路欲迷"；"抛梁南，小山排闼送晴岚"；"抛梁北，京路尘昏断消息"；等等。虽似为新居卜吉兆，但亦抒发壮志未酬的感慨。

楹联中"东西南北"亦复不少。《儒林外史》中写杨执中屋里壁上，"两边一副笺纸的联，上书写着：三间东倒西歪屋，一个南腔北调人"。按清嘉庆道光年间梁章钜的《楹联丛话》中载："鲁亮侪观察，性粗豪，而所居屋狭，自署门联云：两间东倒西歪屋，一个南腔北调人，见《茶余客话》。"在题画上也看到了这样的两句，明代大画家徐渭的绍兴故居叫青藤书屋。他的一幅《青藤书屋图》上题有："几间东倒西歪屋，一个南腔北调人。"这十四个字把徐渭与世俗不合的情味表达了出来。显然上面的"东倒西歪""南腔北调"不能从方位上去死扣。

诗中用"东南西北"，不能不提到汉乐府《江南》诗："江南可采莲，莲叶何田田！鱼戏莲叶间：鱼戏莲叶东，鱼戏莲叶西，鱼戏莲叶南，鱼戏莲叶北。"鱼戏于莲叶间，最后四句重复运用，表现出到处鱼戏的活泼生动情景。正如朱光潜在《谈美》中所说："单看起来，每句都无特色，合看起来,全篇却是一幅幽美的意境。"

如果《江南》诗画出一幅幽美的意境,那么柳宗元的《捕蛇者说》画出的则是一幅悲惨的画面。"悍吏之来吾乡,叫嚣乎东西,隳突乎南北,哗然而骇者,虽鸡狗不得宁焉!"一乡鸡飞狗叫,无一处安宁,活画出"苛政猛于虎"的惨象。

我上课时举了上面学生所熟悉的诗文中最后那两个例子,回到《木兰诗》,对学生说:你们不是看到了木兰到处奔波购物准备出征的忙碌的情景吗?

诗中的色彩

歌德有一部长篇小说,叫《威廉·迈斯特》,我国尚无译本,故知之者甚少。但小说中一首优美的诗《迷娘》,经作曲家多次谱曲,已广泛流传。诗一开头是:"你可知那柠檬花开的地方,香橙在绿荫深处闪着金光。"不知怎的读到它总联想起屈原的《橘颂》中"绿叶素荣,纷其可喜兮。曾枝剡棘,圆果抟兮。青黄杂糅,文章烂兮"以及苏轼的"一年好景君须记,最是橙黄橘绿时"的诗句。联想不一定都牵连到本质,有时沾一点边儿也会产生联想,以上联想或许是诗中相似色彩引起的吧!

青少年学生课内课外读过一些诗,他们对有色彩的诗很喜欢,例如"白毛浮绿水,红掌拨清波""淑气催黄鸟,晴光转绿蘋""绿树村边合,青山郭外斜""一水护田将绿绕,两山排闼送青来""黑云翻墨未遮山,白雨跳珠乱入船"等。张志和的词《渔歌子》:"西塞山前白鹭飞,桃花流水鳜鱼肥。青箬笠,绿蓑衣,斜风细雨不须归。"山光、水色、白鹭、桃花、青箬、绿蓑,色彩鲜明。白话诗如刘延陵《水手》第二首中诗句:

> 但他却想起了
> 石榴花开鲜明的井旁,
> 那人儿正架竹竿,
> 晒她的蓝布衣裳。

火红的石榴花与蓝布衣裳,鲜明的色彩相映成朴素清新的意境。

把多种颜色写在一起,鲜艳,缤纷。这类诗句七言较多,人所熟知的如杜甫的"两个黄鹂鸣翠柳,一行白鹭上青天"。又如"红叶黄花秋正乱,白鱼紫蟹君须忆"(苏轼《台头寺雨中送李邦直赴史馆》)、"深红浅紫从争发,雪白鹅黄也斗开"(苏轼《次荆公韵》)、"青春白日无公事,紫燕黄鹂俱好音"(黄庭坚《次韵盖郎中率郭郎中休官》)、"白葛乌纱称时节,黄鸡绿酒聚比邻"(陆游《夏日》)等。真是色彩缤纷,怡悦双目。

有的诗句第一字即是表颜色的字,这种句法运用要推大诗人杜甫最出色。"绿垂风折笋,红绽雨肥梅"(《陪郑广文游何将军山林》)、"红入桃花嫩,青归柳叶新"(《奉酬李都督表丈早春作》)、"青惜峰峦过,黄知橘柚来"(《放船》)、"碧知湖外草,红见海东云"(《晴》)。喜读杜诗的人对这些诗句一定不陌生。诗句首先映入眼帘的是鲜明的颜色,可以收到使读者眼前突然闪亮的妙用。

诗文中颜色真色多,但也有假的。钱锺书在《读"拉奥孔"》一文中说:"诗文里的颜色字也有'虚''实'之分,用字就像用兵那样,'虚虚实实'。苏轼咏牡丹名句:'一朵妖红翠欲流';明说是'红',哪能又说'翠'呢?"文中举了许多有趣的例子作了精辟的论述,说:"写色而虚实交映,制造两个颜色错综的幻象,这似乎是文字艺术的独家本领,造形艺术办不到。"

人们讲到诗与画的关系时,常爱引用苏轼的话:"味摩诘之诗,诗中有画;观摩诘之画,画中有诗。"画家有时用诗人富于色彩的诗句渲染出图画来,诗人也会把所喜爱的画图中色彩写到诗里来,当然这只是苏轼上面所说的一个方面。诗人中喜爱图画的不乏其人,歌德即是一个,他甚至对颜色有专门研究,写了一本《颜色学》。此书英国著名水彩画家透纳奉为至宝。透纳文化水平不高,但下苦功钻研这部《颜色学》,很有心得。更有趣的是歌德还写了一首关于颜色的格言诗,译出来一读蛮有意思。

光欲与物体相结合,
它选择其通体透亮。
但你还得喜爱那
半明半暗或不透光亮。
因你与太阳中间不透明体
呈现紫色庄重而辉煌。
但光欲自由出入不透明体,
此时它会燃起红色光芒。
但当黑暗烟消云散,
红色渐淡成耀眼金黄。
当空气中澄清无余滓,
光呈白色与原先一样。
又当乳灰站立黑暗前,
阳光照耀使之成蓝光。
天边蓝里透出暗红,
出现在高高山顶上。
你正对绚烂光彩惊异,
夜立即撒下黑丝绒帷帐。
就如此在永恒静穆中,
还是分黑暗与光亮。
硬说它们你争我夺,
这纯然是愚昧荒唐。
造化使它们林林总总,

它们也只与造化阗嚷。

译此诗颇不易,译笔亦拙劣不雅驯,即使如此,也能看到这写颜色而哲理深沉的罕见的诗,是非常别致而有意思的。

月　诗

　　古往今来,咏月亮的诗词何止千万首,其中好诗好词也着实不少。以诗而言,李白的《静夜思》家喻户晓。千百年来游子"举头望明月"时,就会油然而生故乡之思。李白在四川长大,热爱巴山蜀水,将出蜀时,写了一首七绝《峨眉山月歌》,通过咏月表达了对蜀地的依恋,诗也非常出色。以词而言,人们不会忘怀苏东坡的《水调歌头》。千百年来每到中秋都会有人吟诵它,祝福着"但愿人长久,千里共婵娟"。

　　外国咏月好诗也多不胜数。歌德的《对月》,情景交融,被誉为"最美的月光诗"。歌曲之王舒伯特曾为它谱曲。这使我联想起贝多芬的《月光奏鸣曲》及伴随它的美丽动人的故事。

　　咏月诗常常伴随着虚无缥缈的神话,"嫦娥奔月""吴刚斫桂""玉兔捣臼"等,多么美丽的神话！李商隐因此在《嫦娥》一诗中写出"嫦娥应悔偷灵药,碧海青天夜夜心"这般玲珑剔透、清冷晶莹的名句。月明之夜,仰头看到月中桂影婆娑,功名心切的封建士大夫,心中又会升起"蟾宫折桂"的遐想了。

　　咏月诗中往往寄托了许多奇思妙想。苏轼问道:"不知天上宫阙,今夕是何年?"诗圣杜甫在《月夜》里,写兵荒马乱中,因"今夜鄜州月"遥想远离的妻子儿女,情致何等缠绵！诗人还借咏月来讽刺朝廷的腐败、政治的黑暗。李白在《古朗月行》中运用蟾蜍食月造成月蚀的传说暗刺朝廷昏暗,写道:"蟾蜍蚀圆影,大明夜已残。"杜甫则要砍去月中的桂树。他在《一百五日夜对月》中有句"斫却月中桂,清光应更多";杨西河注云"谓可照见家中也"。杰出词人辛弃疾翻用到自己的词《太常引》中,成了"斫去桂婆娑,人道是清光更多"。有人把此句解释为清除朝廷黑暗势力,政治就会清明得多。

有朋友来谈诗,也谈到月诗。他忽然联系到宇航员登月大发奇思,感慨地说:"古代诗人虽有'华灯碍月'的句子,但他们毕竟还是写灯月交辉的多。即使写'斫却月中桂',也不当真,不过是神话般的妙想而已,作者也丝毫没有把美丽的神话砍光的意思。现在登月了,别说什么砍掉月中桂,连美丽的神话实际上也砍光了。"我心里虽然也不是滋味,但还是打起精神来安慰她。

我说,古人咏月诗也曾透露过科学思想,比如辛弃疾的《木兰花慢》一词中就有。该词为王国维所激赏,他在《人间词话》中说:"稼轩中秋饮酒达旦,用《天问》体作木兰花慢以送月曰:'可怜今夜月,向何处,去悠悠?是别有人间,那边才见,光景东头。'词人想象直悟月轮绕地之理,与科学家密合,可谓神悟。"

清代诗人赵翼的一首月诗也值得一提,也是一首富有科学思想的诗。我小时候与三五友侣中秋赏月,忽然谈起各人所见月亮的大小。有的说像镜子那么大,有的说如盘子,有的竟说有缸口那么大。我们当时觉得有趣,但未深究,后来却发现赵翼对这种现象写过一首诗。(《瓯北全集·瓯北诗钞》)诗前小序云:"中庭坐月,忽一女孙言月大如酒杯,不觉骇听,因历询诸孙及婢仆辈,言人人殊。有同谓如杯者,有如镜如碟者,甚至有大如盆盎者,乃知眼光各自不同也。余年七十四,向未知此,今因小儿女语乃得之。然则近在目前而所不知者多矣!作诗志之。"诗不常见,不妨全录在下:

举头见明月,大如五寸镜,

谓众目皆然,圆规有一定。
忽闻小如杯,儿语实骇听,
因之遍谘访,令各说围径,
细比半两钱,大至尺口罄。
始知眼光异,尘根有殊性,
譬若长短视,远近相去夐。
花看雾中昏,毫察秋末炳,
即事悟学功,格物非易竟。
老夫年七十,识月犹未尽,
如何执成见,辄负鉴裁柄。

这无疑是一首很别致的月诗。诗人因各人视月大小不同,联想到认识事物不能执成见,已非对月作奇思异想的了。

说了这些,我对那位来谈诗的朋友说:"你能否把你那新鲜想法,也写成一首别开生面的月诗呢?"

知人论世

小时候读孟郊的《游子吟》，"慈母手中线，游子身上衣。临行密密缝，意恐迟迟归。谁言寸草心，报得三春晖"，情意真挚，着实感动。孟东野存诗不少，但多倾诉穷愁之作；前人评定他与贾岛的诗为"郊寒岛瘦"。还有一种说法，孟郊诗风凄苦似乎出于他的气质，即他为人格局小的缘故。如《唐宋遗史》云："孟东野有《下第》诗曰'弃置复弃置，情如刀剑伤'；又再下第诗曰'两度长安陌，空将泪看花'。其后登第，则志气充溢，一日之间，花皆看尽。进取得失，盖亦常事，而东野器宇不宏，至于如此，何其鄙邪！"（宋周紫芝《竹坡诗说》亦有类似说法）这种话是似是而非的。

其实，封建社会的读书人，对于科举中成败得失，几无不刻骨铭心。得之者如白居易，他一举及第，新进士要到慈恩寺塔题名，他有诗句为"慈恩塔下题名处，十七人中最少年"，得意之情溢于言表。失之者如杜甫，参加了奸相李林甫摆布的一次考试，应征举人无一人及第，李林甫反而上表祝贺已是野无遗贤。对于这种阴谋和骗局，杜甫有刻骨之痛，诗里一再提起这件伤心事。李林甫死后，他在《奉赠鲜于京兆二十韵》中悲愤地揭露："破胆遭前政，阴谋独秉钧。微生沾忌刻，万事益酸辛。"这"独秉钧"的阴谋家就指李林甫。科举中的得失在很大程度上决定了读书人一生的升沉，的确是性命攸关。因此不论孟郊或杜甫，都因失意而伤痛；至于及第得意趾高气扬的诗则不胜枚举的了。我们不能仅以此一端来判定某人的诗风如何,而要从他们所处的时代、一生的遭际去分析,才能领会得更深一层。

近读沈祖棻《宋词赏析》,觉得不少地方讲得深细而有启发。书侧重讲婉约派名家词,其中选讲柳永的有七首。七首讲完后,作者"想说几句题外的话"。这几句题外话很有见地。她认为前人评词,往往易使青年人产生一种错觉,好像某一作者只会写词;往往只就词论人,又使人对这一作者的面貌产生另一错觉。以柳永而论,其词"工于羁旅行役",加之传说佚闻,他竟被扮成风流浪子的典型。许多笔记写到他的逸事,为人们津津乐道;写入剧本的有关汉卿的《谢天香》;写成小说的有《清平山堂话本·柳耆卿诗酒翫江楼记》《古今小说·众名姬春风吊柳七》等——他竟成了风流艳事的箭垛子了,这分明不是柳永的真面目。中学语文教学中也教柳永的词,介绍作者时,可不能一味把他描成风流浪子的形象。沈祖棻说:"总之,理解多数词人并非只是作词,而其词中所反映的又往往并非其全部的或最有社会意义的因而应当被认为是最重要的思想感情,对于全面地评价这些作家,绝非是无关紧要的。鲁迅先生告诉我们,论人要顾及全面。"这段话颇具真知灼见。

《孟子》云:"颂其诗,读其书,不知其人,可乎?是以论其世也。"我们教课介绍作者,要"知人论世",才能讲在点子上。

鄙吝不萌

给学生讲陈毅同志《梅岭三章》前，又把《陈毅诗词选集》从头仔细诵读一遍。读的目的一面固然是为了掌握更多材料，但更为要紧的是"养养气"，以便自己能充满感情入神地教好这一课。陈诗鲜明地反映出这位将军诗人的高风亮节，读后油然而生无限崇敬之感。特别是读到《书怀》《述怀》《杂咏》诸作，觉得清澄之气扑面而来，把我引入"素月分辉，明河共影，表里俱澄澈"（张孝祥《念奴娇·过洞庭》）的意境。有其人乃有其诗。陈老总胸怀坦荡，真正达到了表里俱澄澈的境界，才写得出这般明净晓畅的好诗。

陈毅同志革命奋斗一生，建立了卓绝的功勋，但他从不居功自傲，总是那么谦逊。我们可以读到以下这些诗句："吁嗟我与汝，沧海之一粟。慎之又再慎，谦逊以自束。""个人太渺小，党群才万能。念我数十年，庸碌愧声闻。"（《六十三岁生日述怀》）有赫赫功勋而不伐，令人联想起东汉初那个谦退不伐，每所止舍，诸将并坐论功，常独屏树下，军中号曰"大树将军"的冯异。诗词选集最后有一篇《给罗生特同志的信》。有一位远渡重洋来中国参加抗战的反法西斯盟友，计划写一本关于新四军的书，要了解陈毅同志的历史，于是陈老总写了这封信。信里他只是平平实实简要地叙述，一丝一毫也不吹嘘自己的战功。最后，他是这样写的："你如果问我有些什么经验体会，我总的答复就是：一个共产党员，当他在党的领导之下，与广大群众取得密切联系时，他就具备了无比的勇气和力量,坚定地与国内外的敌人斗争到底,去完成他担负的革命事业。"

陈毅同志常常想到人民、想到党的培养,不居功,不伸手,以革命气节激励自己。1954年仲春,他写了题为《感书怀》的一组诗词,在小序中他这样说:"观宇宙之无穷,念人生之须臾,反复其言,以励晚节。"组诗第四首是七古,题为《手莫伸》,诗鞭挞那些爱"权位""粉黛""推戴"的人,严肃警告他们"手莫伸,伸手必被捉",而是要时时想到人民,不忘本,时时想到党的培养。最后他语重心长地说:"九牛一毫莫自夸,骄傲自满必翻车。历览古今多少事,成由谦逊败由奢。"多么发人深省!这首富有教育意义的好诗,今天大家都应该好好认真读一读,再好好想一想。

最感动人、使人深受教育的是诗里反映的陈毅同志的"光明磊落,坦然直剖心膻"的高尚品德。我们不妨读一读他的《六十三岁生日述怀》,诗中有"……一喜有错误,痛改便光明。一喜得帮助,周围是友情。难得是诤友,当面敢批评。有时难忍耐,猝然发雷霆。继思大不妥,道歉亲上门。于是又合作,相谅心气平。……"对自己不虚美,不掩饰,写得多么坦率,多么亲切动人!陈老总一生心地光明,行事光明;只有坦坦荡荡的人,才写出坦坦荡荡的诗。他的高尚品德,犹如他《冬夜杂咏》中的挺且直的青松,立风雪不屈服的红梅,傲严霜的秋菊,馨香重的幽兰。东汉有一个高士黄宪,字叔度,当时很被人推崇。名士领袖人物郭泰称扬他的器量,说:"叔度汪汪若千顷陂,澄之不清,淆之不浊,不可量也。"大名士陈蕃尝与同郡周举相谓曰:"时月之间不见黄生,则鄙吝之萌复存乎心矣!"弦外之意,常见黄宪就能鄙吝不萌。我觉得常常读读陈毅同志的诗,对照自己,教育自己,知过必改,确实是鄙吝不萌的好方法。

重读《陈毅诗词选集》,有感于心,依张茜同志《陈毅同志诗词选集

编成题后二首》第一首韵,敬献七律一首:

大树将军耀巨星,长留诗卷纪征程。
新词健句开风气,万语千言见性情。
行事一生皆磊落,身心二者俱光明。
良师赖有黄叔度,鄙吝消除耳目清。

生死之间

讲陈毅同志《梅岭三章》时,学生很感动,我更是抑制不住自己的感情,师生都受到了深刻的教育。《梅岭三章》写在游击战争最艰苦的岁月里,诗的小序说:"1936年冬,梅山被围。余伤病伏丛莽间二十余日,虑不得脱,得诗三首留衣底。旋围解。"这三首惊天地泣鬼神壮怀激烈的好诗,表现了作者面临生死关头视死如归的革命乐观主义精神。教学过程中浮想联翩,想到历史上为祖国献身的志士仁人、思想家、诗人对待生死的表现。

范文澜的《唐代佛教》一书中,写到了一些佛门弟子在死面前的表现。隋代名僧吉藏临死时有《死不怖论》一篇,说:"夫含齿带发,无不爱生而畏死者,不体之故也。夫死由生来,宜畏于生,吾若不生,何由有死。见其初生,即知终死,宜应泣生,不应怖死。"孔子又是如何对待这个问题的呢?不妨作一比较。读过《论语》的人都知道,有一次子路问到死,孔子回答说:"未知生,焉知死?"他着眼于知生,对生活的态度是积极的。吉藏则说"宜应泣生",其"不应怖死"成了空谈,正如范文澜所评:"题目是不怖死,实际是十分怕死。"

东晋大诗人陶渊明传世诗文名作不少,但最能表现他的思想的是《形赠影》《影答形》和《神释》。这三首诗是针对结白莲社的庐山高僧慧远的思想的。诗前有小序,意思是贵贱贤愚都是着意营求而吝惜生命,于是借形与影极陈此中苦处,最后经神释,道理才明明白白。"形"说求长生学神仙不可能,不如沉湎于酒而苟生;"影"则答言,长生虽不可能,但若能立名就可不朽。"神"则认为两非,而是要做到把精神融于大化之中,与自然浑然一体。说道:"纵浪大化中,不喜亦不惧,应尽便须尽,无复独多虑。"这种自然主义思想渗透在他的诗文中,我们可以从他的名篇《归去来兮辞》,以及人们一般不去读的《拟挽歌辞三首》和《自祭文》中得知消息。钱锺书说得好:"《归去来兮辞》写生归田园,《自祭文》写死归黄土陌,机杼仿佛。"关于死,《拟挽歌辞》第三首说成是"托体同山阿",《自祭文》则又说成辞逆旅之馆"永归于本宅"。范文澜称赞说陶渊明"临终时作挽歌诗和自祭文,从容自在"。

英国丁尼生和勃朗宁同是维多利亚时代的诗人,两人都高寿,临终都写了自挽词,都是传诵的名作。丁尼生写的是《逝去》,勃朗宁写的是《终辞》。丁尼生把死比作出海远航,重返故乡,他希望出港时听不到悲泣声,他希望一出港就遇上他的舵手——上帝。勃朗宁则相反,在《终辞》末尾,把死看成攻取敌人的堡垒,他似乎要跟"死"拼个高下,并且即使在"彼处"也要奋勇斗争一番,这倒很别致!评论家惯爱将这两首诗对照,来说明两位诗人气质、风格和人生哲学的不同。

不过,这些诗篇在气魄雄浑、光芒四射的《梅岭三章》前,显得多么黯然失色。陈老总面临生死考验,乐观无畏,革命理想高于天。他说他即使到地府还要招旧部,斩阎罗;在最困难的时候仍然坚信革命一定胜利,"人间遍种自由花"。诗文境界的高低迥异,说到底,反映了作者世界观、人生观的不同。无产阶级革命家热烈追求真理,有坚定的共产主义信念,其诗文中才迸发出如此灿烂耀眼的火花。如果没有广博的学识、高超的才艺,也不容易在诗文中得心应手地把思想感情表达到如此深沉感人的程度。

郭沫若《赠陈毅同志》一诗中有这样两句:"一柱天南百战身,将军本色是诗人。"陈毅同志就是这样一位文武兼备、博学多才、令人衷心爱戴的无产阶级革命家和诗人。

素 食

古人祭天地神明，斋戒素食，以表至诚。佛氏戒杀生，亦主张素食。今人主张素食，多半是因为素食清淡，益于健康。

英国浪漫主义诗人雪莱是素食者，他认为不茹荤腥可以使人神智清朗。因此，终其一生他主要吃面包。有时外出路上饿得慌，他就跑进面包房，买一个大面包，一面走，一面狼吞虎咽地撕着吃。当然，有时他在家里也做不了主，只好让他的妻子用"被谋杀了的鸡"去享客。另一喜素食的是爱尔兰著名剧作家萧伯纳。每在伦敦宴会上，人们知他喜素食，放在他面前的总是色拉素拼盘。中国以往持斋素食的文人雅士，更是数不胜数。

素食中"素"与"荤"有时会混淆得分不清。这里并非指有的厨师断荤不严，偷偷地以荤油炒菜调味之类，而是指食谱上出现的"素鸡""素鸭""素火腿"等；既是素了，为何又标以鸡鸭鱼肉？记得小时候，每年到观音生日，总见到家里附近几个老太太聚在一起点香烛念经礼观音菩萨。中国人一般信佛本来也真也不真，老太太念经礼佛表示虔诚之余，主要是借名头凑份子吃一顿。一般说来，她们吃得确也比较清淡，但也竟有"素鸡""素鸭"之类。我第一次听到这些有趣的名称就在那时候，觉得怪新奇的。老太太有时也略分润及我，我尝了觉得好吃。后来长大懂事一点，觉得有点滑稽，既然以为鸡鸭鱼肉荤腥礼佛不干净，为什么吃素还想着鸡鸭鱼肉。心里不忘荤腥，大有"身在曹营心在汉"的味道,恐怕心里还不断念,礼佛还不够虔诚。其实,这玩意儿历史上早有了。南北朝时梁武帝萧衍本是蔼然儒者,后信佛,做了皇帝,以佛教麻醉老百姓,大建寺院,三次舍身同泰寺,要官员花亿万钱财赎身。这位佛徒皇帝觉得祭祀用牲不好,发明花样进行"改革"。《资治通鉴》卷一百四十八,梁武帝天监十六年(517年):"诏以宗庙用牲,有累冥道,宜皆以面为之。于是朝野喧哗,以为宗庙去牲,乃是不复血食。帝竟不从。"有人解释这是"庙祀面为牺牲"。这以面为牲,也许是后世素鸡、素鸭的先河吧?

清代乾隆年间,著名书画家、学者王文治(梦楼),年轻时在临洮僧舍读佛经,读到《楞伽经·断肉篇》,"愧汗淋漓而下",后来治菩萨戒素食,他虽素食,吃得不仅不清苦,且有专做素食的好手厨师,吃得非常考究。这从他的好友赵翼(瓯北)的一首诗可见。

诗的题目很长:《西岩治具,全用素食,以梦楼持斋故也,作素食歌见示,亦作一首答之,并调梦楼》。诗先说到世间因佞佛必素食以表至诚,素食本应清淡,"岂知素也可为绚,又增一番烹饪精"。赵翼说自己不吃素,参加这种宴会,本来心中暗暗生悔,但到席上一看,"岂期下箸倍觉珍,不数豹胎猩猩唇。香菌自南蘑菇北,莼必秋后笋未春。有时故仿豚鱼样,质不相混色乱真"。可见席上有素肉、素鱼之类。瓯北接着大发议论,说既吃素又何必斗新奇,何不干脆吃大鱼大肉,这种做法岂非"名实不称殊反常,寒俭幻出繁华场"。有道理!

可是瓯北作诗常常信笔滑不留手,试看诗写下去是这样:

> 有如寡妇虽不嫁,偏从淡雅矜素妆。
> 衣裁缟袂晓雪色,佩缀白璧夜月光。
> 游行梅花李花下,自谓守节追共姜。
> 吾知其心未必净,招之仍可入洞房。

诛心之笔,极戏谑之能事!诗到了王文治手里,他老大不高兴,立即回敬一首《素食歌答赵瓯北》,诗前小序云:"秦西岩前辈邀余素食,因制素食歌,瓯北和之,词涉嘲谑,盖瓯北啖余食而甘,遂比诸妇女淡妆而貌美者,其人必不贞也。余恐失圣人仁民爱物之旨,爰答斯篇。"梦楼悻悻,情见乎词了。瓯北似已发觉,他本来喜欢把朋友的赠诗、和诗附在自己的集子里,梦楼的这首答诗则只好割爱了。

相传战国时哲学家公孙龙骑着白马要出关,关官说:"要出关,人可以,马可不准。"于是公孙龙大放厥词,辩说:"马是马,白马是白马,白马不是马,为什么不能出关?"弄得关官晕头转向,最后只得连人带马放行。我想以往素食者吃素鸡、素鸭若遭非议"其心不素"时,大可运用公孙龙的"白马非马"的逻辑来解嘲,说一番"鸡是鸡,素鸡是素鸡,素鸡非鸡"的道理来,然后放心大嚼。当然,素鸡也的确不是鸡,更何况千方百计把素食翻新,调理得可口,使更多人爱吃,倒也增添不少生活情趣哩!

拜袁揖赵哭蒋图

在清代诗人中,袁枚(字子才,号简斋、随园)、蒋士铨、赵翼,并称"江右三大家"。钱锺书在《谈艺录》中说:"三家之说,乃随园一人捣鬼,瓯北尚将计就计,以为标榜之资……心余(蒋士铨的字)则无只字及此。"三家说之出笼诚如所说,但久而久之,人们都这样说了。姚鼐《瓯北先生家传》云:"其诗与袁简斋、蒋心余齐名。"梁绍壬《两般秋雨庵随笔》中有"袁蒋赵"一则,中引洪亮吉评三家之诗云:"袁诗如通天老狐,醉则见尾;赵诗如东方正谏,时杂诙谐;蒋诗如剑侠入道,犹余杀机。"梁并称洪评"洵称确论"。后之《清史列传·赵翼传》云:"其诗与袁枚、蒋士铨齐名。"《清史稿·赵翼传》云:"同时袁枚、蒋士铨与翼齐名。"三家说之起,或与所传《拜袁揖赵哭蒋图》有关。

图不知起自何年,当在蒋心余死后,心余死在乾隆五十年,则此图之出当在乾隆五十年代初。关于此图瓯北有一长诗。《瓯北集》卷三十二:"子才书来,有松江秀才张凤举,少年美才,手绘拜袁揖赵哭蒋三图,盖子才及余并亡友心余也。自谓非三人之诗不读,可谓癖好矣。书此以复子才,并托转寄张君。"下即长诗。诗写得很妙,一方面"瓯北尚将计就计,以为标榜之资",与享盛名的袁枚同列亦美事;一方面并不甘居第三,曲曲折折表达了无可奈何的心情。诗里说:"得君一揖已足幸,敢望五体俱投地。我观李杜两大家,吹台同游早结契。青莲落落赋饭颗,少陵倦倦虑魑魅。当时声望李独高,后世才名杜宁次。"瓯北岂甘心屈居最后？

诗举出李白与杜甫很有意思。李长杜 11 岁，子才长瓯北亦 11 岁。无心看来，李杜相差十一岁是同时人，但实际上几乎一辈之差。李杜吹台同游时，李白已负盛名，杜甫则是一"文学青年"。二人都罹安史之乱，李年长，有名之作，乱前居多；杜年次，名作多在安史之乱之际与之后，博得"诗史"之名。后人常以杜怀李的诗多且意殷，李忆杜诗少且泛泛，作为二人情意上的分别；但若把他们年龄相差考虑在内，恐也不足为奇了。子才与瓯北一生居太平盛世，定交较晚（乾隆四十四年于西湖，瓯北已 55 岁），都有相当名声，但子才俨然以诗坛霸主自诩，除水平外，难说不是这长 11 年给他倚老卖老的本钱。子才在《瓯北集》序里说："晋温峤耻居第二流，而耘崧观察独自居第三人，意谓探花辛巳，而于诗则推余与蒋心余故也。"（按辛巳殿试后，进呈御览之十卷本赵第一卷，乾隆皇帝亲自将王杰卷与赵卷互易；瓯北本可望状元，至此一甲第三名探花及第）袁枚在此序中不是俨然以第一自居吗？

此图一说乃青年程拱字所绘。程自述"少时喜读简斋、云崧（也作耘崧）、心余三先生诗，读《瓯北集》时，见有古诗一首，题曰得子才书，述拱字曾手绘拜袁揖赵哭蒋图，此不知何人所传。果若此，亦佳话也，行当作一图以实其事。"程步瓯北诗韵奉答诗一首，诗里认为袁蒋赵以年齿有先后，于诗则不应分高低。诗云："袁丝序齿本兄行，蒋诩论交亦肩次。譬如海上三神山，望者奚能分轩轾。"这说出了瓯北的心思。

李调元《雨村诗话》说"近时诗推袁蒋赵三家"，又指出"三人不免互相标榜"。子才与心余相互标榜有之；至于蒋赵，赵虽推崇蒋，而蒋对赵则比较冷淡。子才与瓯北相互标榜亦有之，子才多抬高自己，瓯北则委委婉婉表示实不让于人。

可申论者，子才对比他年长 23 岁的名画家郑板桥也是这种作风。《随园诗话》云："板桥作宰山东时，与余从未识面，有误传余死者，板桥大哭，以足踢地。余闻而感焉。后20年，与余相见于卢雅雨（扬州盐运使卢见曾）席间，板桥言天下虽大，人才屈指不过数人。"子才曾有诗记其事，题为《赠板桥明府》，诗云："郑燮三绝闻名久，相见邗江意兴欢。遇晚共怜双鬓短，论才不觉九州宽。虹桥酒影风灯乱，山左官声竹马寒。底事误传坡公死，费君老泪竟虚弹。"词意十分亲切。在别的地方子才却说："板桥深于时文，工画，诗非所长。"子才本人，虽十指如椎，不工书法，但说郑板桥的"六分半书"是野狐禅。其实，板桥的诗文朴质率真，平易感人；至于板桥的书法亦有所自，以隶楷行草四体相参，加入兰竹笔意，自称"六分半书"，是有所创新和发展的。袁枚一面称板桥诗书画"三绝"，一面又轻轻抹去他诗书"二绝"，意思是郑板桥不过是一名老画师而已。对于扬州八怪另一画家金冬心的字，子才亦认为是野狐禅。可见袁枚之为人，往往如此。

才思敏捷和急中生智

《拜袁揖赵哭蒋图》一则中,曾讲到袁子才把郑板桥的"六分半书"和扬州八怪中另一书画家金冬心的书法都说成是野狐禅。此乃见仁见智,不想多说。这里且说金冬心才思敏捷一事。金冬心客扬州,一日某盐商在平山堂宴客,金首座。席间以古诗句"飞红"为觞政(酒令)。轮到某盐商,苦思不得,正要挨罚,他急忙念了一句:"柳絮飞来片片红"。柳絮分明是白的,飞时怎能片片红呢?大家笑他杜撰。金出来解围说不是杜撰,而是元人咏平山堂诗。众人请他把全篇念出来。金立刻朗诵:"廿四桥边廿四风,凭栏独忆旧江东。夕阳返照桃花坞,柳絮飞来片片红。"这首诗倒是金杜撰的,但骗过了众人,替不学无术的主人解了围。诗虽一时信口之作,但很有风致,显出金冬心才思敏捷。

妇女中有才思的也大有人在,但在封建社会里,多给埋没了。为小说家津津乐道的有下面一件事。《宣和遗事》载"窃杯女子词":宣和间,上元张灯,有夫妇观灯相失,妇到端门饮赐酒,窃所饮金杯,给卫士发现,押到皇帝面前。妇即口占《鹧鸪天》,最后两句是"归家惟恐公姑责,窃取金杯作照凭"(有的本作"归家切恐公婆责,乞赐金杯作照凭"),道君皇帝大喜,把杯赏赐给她,令卫士送归。这聪明女子急中生智,可谓才思敏捷,摆脱了困境。

有人采取把事情闹大的方式来摆脱困境,这除了才思外,还要胆识。法国文艺复兴时期鼎鼎大名的作家拉伯雷,有一次流落在法国南部乡村，身无分文，无法回巴黎。他在小镇唯一的一家客栈赁一室住下来，对女主人说需雇一秘书抄写东西。女主人叫她12岁的孩子去做。这孩子十分机灵懂事，拉伯雷很高兴。他神秘地对这"秘书"说："孩子，我们要干一场惊天动地的大事。你坐下来替我写印条子：'毒杀国王，毒杀王后，毒杀奥利昂公爵。你在此写印，我去调毒药。'"这惊恐万分的"秘书"写印时，拉伯雷用壁炉灰和鼻烟灰拌和，包成几十包，贴上孩子写印的条子。事后，立刻辞退"秘书"，并严肃警告他不要声张。孩子飞奔下楼，把事情原原本本告诉母亲。这女人立即叫来警卫，抓住了危险的客人。人、证俱获，拉伯雷被押送首都治罪。到巴黎，他被带进朝廷，国王一眼认出拉伯雷，立即把他释放。这种事与对付官僚主义办事颟顸而"告御状"的做法上有相似处，事情越闹得大，问题反而解决得快，但要冒点风险。美国著名政论家丹尼尔·韦伯斯特，儿时在学校里是有名的脏孩子，屡教不改。教师生气说，如果再发现他的手还是那么脏就要打他。丹尼尔依然如故。教师怒不可遏，她大声说："丹尼尔，伸出手来！"丹尼尔赶忙向手心吐口唾沫，在裤子上擦了擦，伸了过去。这只手脏得令老师恶心。她气愤地说："丹尼尔，你要是在全校能找出比这更脏的手我就饶了你！"丹尼尔·韦伯斯特赶紧把另外一只手伸了过去。多么惊人的机智！女教师给弄得哭笑不得，无可奈何。

但在所有记述儿童才思敏捷和急中生智的故事中，我最喜欢且印象最深的还是宋代司马光砸缸救出小孩的故事。这故事人所熟知，这里就不多说了。

学文之初

唐代古文运动,大文豪韩愈是杰出的领袖,皇甫湜等则是健将。皇甫湜从韩愈学古文,文章奇僻深奥,是韩门佼佼者。他追随韩愈,奖掖后进,开启来学,有力地推动了古文运动。近读皇甫湜《答李生书》,对指导学生初学作文有进一步的领悟。李生是个青年,他举进士求知己,几次写信向皇甫湜请教,湜不厌其烦,一一作答。

皇甫湜《答李生第一书》中就谈到年轻人初学文的问题,他说:"足下以少年气盛,固当以出拔为意。学文之初,且未自尽其才,何遽称力不能哉!图王不成,其弊犹可以霸;其仅自见也,将不胜弊矣!"明确地提出了青年人学文之初,必竭尽全力,求文章出类拔萃,他认为这样去做,即使不一定人人有很高成就,但取得相当成就还是可能的。

由于李生来书中贬"今之工文"者是好尚"奇怪",于是他们的讨论就围绕"奇"展开了。皇甫湜认为:"夫意新则异于常,异于常则怪矣;词高则出众,出众则奇矣。"皇甫湜力主文章应意新而词工,力求出众。更可贵的是指出不是矫揉造作,而是顺乎自然。他说:"虎豹之文,不得不炳于犬羊;鸾凤之音,不得不锵于乌鹊;金玉之光,不得不炫于瓦石——非有意先之也,乃自然也。"道理是十分透辟的。然而李生在其第二书中则说"虎豹之文非奇"。对此皇甫湜指出事物的相对性,说本来无所谓长与短,长短是比出来的,相比之下,则"虎豹之形于犬羊,故不得不奇也"。文与质关系的讨论由来已久,范围不仅限于为文之一端。《论语·颜渊》中子贡说:"文犹质也,质犹文也。虎豹之鞟犹犬羊之鞟。"这句话《论语译注》译成:"本质和文采是同等重要的。假若把这两类兽皮,拔去有文采的毛,那虎豹的革和犬羊的革很少有区别了。"虎豹之毛不同于犬羊之毛,比犬羊之毛斑斓可爱得多。以此喻为文之道,则文采也很重要,故学文之初,应努力把文章写得如虎豹之毛那样斑斓可爱。

李生又以"文奇伤正"来问难。皇甫湜回答说:"夫谓之奇,则非正矣,然亦无伤于正也。谓之奇,即非常矣。非常者,谓不如常;谓不如常,乃出常也。"古文运动中文章写得出常不随俗往往受到非议,韩愈在《与冯宿论文书》中对此大发议论:"仆为文久,每自则意中以为好,则人必以为恶矣。小称意,人亦小怪之;大称意,即人必大怪之也。时时应事作俗下文字,下笔令人惭,及示人,则人以为好矣。小惭者,亦蒙谓之小好;大惭者,即必以为大好矣!"由此可见,李生所提出的并非孤立的问题,试看即如文豪韩愈不是也受到非议吗?韩愈的学生、女婿李汉在《昌黎集序》中写道:"时人始而惊,中而笑且排先生益坚。"

皇甫湜针对李生的话,进一步指出文章是"言之华者",其作用在"通理",当然不一定务奇。但是奇亦无伤,若文奇而理正,则是难上加难,更是难得。他说:"以非常之文,通至正之理,是所以不朽也。"他进而指出屈原、宋玉、李斯、司马迁、司马相如、扬雄等人,都是"其文皆奇,其传皆远"。

我平素最喜欢读朴质自然的诗文,其境界非修养深、造诣高的人难及。至于看待青年学生的作文,也自知不应以个人喜好为独一喜好,读了皇甫湜给李生的信更坚定了自己的看法,并在指导学生写作上进一步得到启发。学生学文之初,应要求他们把文章写得不平常,务去陈词滥调,力求丰富多彩。这里,我以苏东坡给他侄子信中的话来结束本文:"凡文字,少小时,须令气象峥嵘,彩色绚烂。渐熟,乃造平淡。其实不是平淡,乃绚烂之极也。汝只见爹伯今日文章平淡,便尔专意学为此样。何不取旧日应举时文字观之,看其高下,抑扬如龙蛇捉不住。且当学此,斯得之矣。"(见清唐彪《读书作文谱》)这也是对学文之初的经验之谈。

早　慧

初中语文课本选了王安石的《伤仲永》,青年学生读了有好处,教师教了也很受教益。文中写了一个天赋颖异的神童方仲永,"仲永生五年,未尝识书具,忽啼求之。父异焉,借旁近与之,即书诗四句,并自为其名……自是指物作诗立就,其文理皆有可观者"。这种早慧神童中外历史上非孤立现象,颇有一些记载,其中很容易想起的是东汉末的孔融。

《世说新语·言语》载:孔融十岁随父到洛阳,谒见当时负盛名的李膺。拜谒李膺的多是才俊之士,在这些人面前,年幼的孔融出语惊人,一座皆称异。有一个叫陈韪的却说:"小时了了,大未必佳。"孔融立刻回敬一句:"想君小时,必当了了。"真是针锋相对,弄得陈韪踧踖不安,无地自容。孔融不仅"小时了了",大了也很有成就,是"建安七子"中的领头人物,只是因为触怒曹操而被杀害。

更多的神童确是"大未必佳",有的初露头角即被扼杀,好比初绽的花蕾在料峭春寒中夭折。悲剧的产生虽有种种原因,但最重要的是时代、社会的原因。英国18世纪中叶有个文学天才,名叫托马斯·查特尔顿。小时候,他钻研一所教堂里保存了300年之久的旧手稿本,学其语言风格,学其书法,竟臻惟妙惟肖的境地。然后,他创作了一系列诗歌,声称出自所发现的中世纪的旧手稿,并称此手稿为"罗莱之什"。诗发表了,为时人所激赏,因而广为流传。那时他年仅14岁。17岁时,他在伦敦想以笔耕谋生不成,就服毒自杀了。社会葬送了这位天才。当今又何尝没有类似的悲剧?意大利小歌星罗勃里尼家庭贫困,小学没念完,为分担十口之家的生活负担,只好当了办事员。13岁时,唱歌天才被发现,一鸣惊人,人们称他为"小小吉里"(吉里是20世纪前期负世界盛名的男高音歌唱家)。后因积劳成疾,损及歌喉,久久不能恢复,音乐生命极其短暂。今天打开收音机,有时还能听到他过去银铃般悠扬的歌声,但一旦想起他的身世,怎能不使人感慨系之?

提到早慧,不能不想起明末的夏完淳。他5岁知书史,9岁作诗文词赋,斐然可观。清兵到江南,他随父、师起兵抗清。后被捕,在南京痛骂洪承畴被杀,年仅17岁。我们从《夏完淳集》读到他的诗文,真是悲歌慷慨,感人至深。他不仅是一位早慧有所成就的文学家,也是一位杰出的少年英雄。

前面说过的方仲永结果是怎样的呢?不佳。原因是"父利其然也,日扳仲永环谒于邑人,不使学"。待到若干年后王安石再问起他,他已"泯然众人矣",王安石不能不为之伤心。

人的天赋有异,学生的智力发展不会在同一水平上。对待天赋优异的学生该采取怎样的态度呢?高尔基说得好:"人的天赋好像火花,它既可以熄灭,也可以燃烧起来。而逼使它能烧成熊熊大火的方法只有一个,就是劳动,再劳动。"早慧儿童年幼时就能发出超过常人的耀眼的"火花",面对这样的"火花",切不可一味唱颂歌,而是要倍加爱护,精心培育,使之成为"熊熊的大火"。

物与人、规矩与巧

《人民日报》曾有一篇短文，叫《要懂"法术"》。作者开头引了刘基的寓言：东海黄公见安期生能以红色宝刀指挥老虎起伏进退，心生羡慕，偷取宝刀，后路遇老虎，但因不懂法术，宝刀失灵，不仅未能制伏老虎，反而被吞噬。这则寓言被作者引用来批评当前一种"见物不见人"的浪费现象，即随着我们对外开放，有人以高价引进一些"宝刀"，但不懂使用的"法术"，不能发挥其效用，有的给置诸一旁，让它"餐风饮露"，锈痕斑斑。于是作者说："不懂'法术'，纵得'宝刀'，也是枉然。要知'识刀'之功，'用刀'之妙，就得从研究、探索'法术'做起。"文章对盲目引进是有针砭作用的。

这篇短文所提到的故事在我国流传甚早，大约西汉初就流行于民间，后成为演出节目，名叫《东海黄公》。故事是：东海地方有一黄公，年轻时练过法术，能制服猛虎毒蛇，常佩赤金刀，头上裹红绸，法力无边。后年老精力不济，且饮酒无度，法术渐失灵。秦末，东海地方出现一白色猛虎，黄公以赤金刀去制伏，哪知法术不灵，反为猛虎吞噬。东汉张衡在《西京赋》中写道："东海黄公，赤刀粤祝；冀厌白虎，卒不能救；挟邪作蛊，于是不售。"可见这故事在当时也是针砭时弊的。故事经编成寓言，寓意鲜明：作为"宝刀"的"物"，也靠"人"使用；而人要会使用，首先得懂得"法术"。

我认为这"法术"在我们教育工作来讲就是知识与技能，即常说的规矩和巧。对教师讲，应把这两者不遗余力地传授给学生；对学生讲，则应通过认真学习刻苦实践而弄到手。

古人有的以为知识不可传，比如书本，被看成是古人的糟粕，精华则应是言外之意，书中言语是不足以表达出来的。《庄子》外篇《天道》一章最后一节是："桓公读书于堂上，轮扁斫轮于堂下，释椎凿而上，问桓公曰：'敢问公之所读者，何言邪？'公曰：'圣人之言也。'曰：'圣人在乎？'公曰：'已死矣。'曰：'然则君之所读者，古人之糟粕已夫！'"轮扁以自己一生斫轮为例，说："得于手而应于心，口不能言……臣之子亦不能受之于臣。"照这种说法，教师是无法教学生的。这是对传授知识的一种悲观论调，果真如此，人类社会不是永远不能前进吗？

人们常说："书不尽言，言不尽意。"这种情况在我们教学工作中的确会碰到，但也并非不能改进。教材不断革新，就越编越好；教法不断改进，就越教越好。教师是可以教好学生的。然则教师能教给学生什么呢？照孟子看："梓匠轮舆能与人规矩，不能使人巧。"他认为规矩可与，巧则不能，高明技巧还是要靠学习者自己去寻求。

但我又认为，在某种意义上，这"巧"并非完全不能传授，这要看教者是否善于启发与点拨。我非常喜欢读表演艺术大师梅兰芳、盖叫天总结艺术心得的书。首先，他们最讲究规矩，强调扎实的基本功。再则结合他们自己的勤学苦练和多年舞台实践，谈了许多富有启发性的心得体会与窍门。后来的学习者早点知道这些，进步就会快些，至少可以少走冤枉路。我们教学生，也应严格要求学生打下扎实基础，但更要善于启发学生举一反三地独立解决问题。一个高明的教师，归根结底是要把开启知识门扉的钥匙交给学生自己。

京剧中师傅教戏称为"说戏"，这个"说"字实在好，实在有意思。师傅把自己的心得体会仔细分析给徒弟听，把妙谛指点出来，徒弟受用无尽。谁说"巧"无法传授呢？

识　字

有一句话,叫"人生烦恼识字始",今天知道的人还不少。这句话主要是说:人从读书起,懂的事就多起来,烦恼常常因此没个完。人们引用这句话往往又多少走样,意思变成识字读书明理,反不如一字不识糊涂好。引用者因胸有不平,说起来感慨系之。尽人皆知,一个人糊涂不明理总归不好。识字,然后可以读书学习。学习能获得知识,增加本领,明白道理。我们自己求长进要如此,社会主义"四化"建设也要求这样。封建社会里,生产力水平低,不需要很多知识,加上一地与一地老死不相往来,不识字关系不大。今天可不然,生产突飞猛进,科学技术发展一日千里,与外界往来繁密,不识字没知识可不行了。这不仅不能适应现代化的生产,即使日常生活也难适应。乘火车、街上认路、寄信、上银行等,没有一桩不要求识字。以后生活进一步现代化了,一个大字不识,就成睁眼瞎子,寸步难行。因此今天"人生烦恼识字始"这句话应改成:"人生不识字,烦恼处处是。"

不识字或读错字常给人当成笑谈,有的则被编成了笑话,如:《水浒传》里有个李达,手拿两把大爹,有万夫不当之男等,不一而足。当然,也有人自以为有学问,动辄挑剔讪笑别人不识字,不通。新文学运动中提倡白话文,守旧者反对,有人挑剔白话文中这字用错,那字用错,说人家"不识字"。鲁迅他们即以其人之道还诸其人之身,指出那些人的文言文章中用字不对头的错误。还有人很有学问,但喜作惊人之言。比如唐宋八大家一向被认为是文章魁首,总不至于不识字吧?可是其中王安石、三苏就给说成不识字。标准是什么不得而知,也许指他们文章中有的字用得不合《说文解字》吧?从语言文字发展的角度来看,这种说法显然是不对的。今天,过去有的字已不常用或竟不用了,但又增添了不少新字,再则有些字的意义也有变化翻新。《说文解字》作者东汉许慎无疑是大文字学家,但他书中有的字也解释错了。许慎比我们早生将近2 000年,研究当时文字有其有利条件;但他也有不如我们今天幸运的地方,他没有看到比金文更早的甲骨文。因此,他有的地方解释错也难怪。今天,我们凭借有利条件,纠正了《说文解字》中有些错误,若因此竟说许慎不识字岂非大谬!

现在有的学者更以文字创新和字义变化为凭借来研究人类社会文化发展的历史。英国的雷蒙德·威廉斯写过一本《1780年至1950年的文化与社会》就采用了这种方法。在前言中作者指出:有些字(按英文单一的"字",译成中文多半成了"词"了;下文仍称"字")的变化可以当作人类思想变化中一种"特种图标"来看。他说:"有五个字即是描绘这种图标的关键性的圈点。这五个字是:'工业''民主''阶级''艺术'和'文化'。"接着他分别将这五字逐一加以分析:原是何义,何年有某义,何年又成某义等。以"文化"一字而言:它本是"天生成"的意思,在18世纪末和19世纪早期一变而有"习惯和心情一般状态"的意义;第二次又变成"社会、知识发展一般状况"的意思;再则进而变成"艺术一般总称"的意思;最后到19世纪后期就发展成为包含"物质、知识、精神全部生活方式"的了。作者往下还举出一系列字,说有的是新的,有的则另有了新义。如"意识形态""知识界""理性主义""浪漫主义""科学家""人文的""功利的""官僚主义""资本主义""集体主义""无产阶级""共产主义""社会主义""自由主义""群众""教条主义""失业"等都是新字;而"教育""理想家""进步""改革家""改良主义""革命化""科学""罢工"

等则原字已赋予了新义（以上一些"字"看英文原文清清楚楚，译成汉语走了样）。这样进行研究，不仅说明字义的变化，而且相应地研究了社会文化的发展，研究方法别开生面，或有可借鉴的地方。

  大家都知道认识古文字难，比如，没有专门学问，就不易认识甲骨文、金文和简策的文字。其实，认识今字又何尝容易？语文教师解释现代汉语的字词，欲求讲得贴切正确，常常是十分困难的。这一点，广大语文教师深有体会，也许体会得最深刻的，还得算《现代汉语词典》的编辑同志吧！

识字与文字狱

在《太真遗事和昭君诗》一文中我曾说:昭君和亲故事与唐明皇杨贵妃故事一样,历来是文人喜爱赋咏的题目。昭君诗多不胜数,其中王安石《明妃曲》二首,意新语工,当时即广为流传,名流如欧阳修、司马光等均有和篇。《明妃曲》意在翻新,许多诗句道出人之所未道,如第二首中有这么两句:"汉恩自浅胡自深,人生乐在相知心。"众所周知,王安石因变法成了众多明箭、暗箭攻击的箭靶子。那些攻击王安石不遗余力的人,岂肯不在这《明妃曲》里大做文章,大上其纲?上纲上得最厉害的要数范冲。笺注王安石诗的李壁说:"范冲对高宗尝云:'臣尝于语言文字之间,得安石之心,然不敢与人言。且如诗人多作《明妃曲》,以失身胡虏为无穷之恨,读之者至于悲怆感伤。安石为《明妃曲》,则曰:汉恩自浅胡自深,人生乐在相知心。然则刘豫不是罪过,汉恩自浅而虏恩深也……孟子曰:无父无君,是禽兽也。以胡虏有恩而遂忘君父,非禽兽而何?"好大的罪名!范冲把王安石比之当时金人卵翼下的儿皇帝刘豫尚不甘心,还要把他开除出人类,用心之险恶,可谓无以复加了。

王安石因新法受谤,党人积毁,以至于破口詈骂,不啻千万人。许多正直的人就出来为他辩诬,澄清这件事或那件事。比较全面为他辩诬的是清人蔡上翔,他尽毕生之力写了一本《王荆公年谱考略》。此书博征群籍,参互证明,力辩《宋史》之诬,确实是一本实事求是的好书,对上述这件事,蔡上翔辩解说:"介甫诗曰'汉恩自浅胡自深,人生乐在相知心',自范冲据此二语,遂比之刘豫,斥为禽兽……昔韩昌黎谓凡为文辞宜略识字,是虽为古书言之,然尤可通之训诂。彼哓哓之议此诗者,只缘未识'恩'之一字耳。夫'恩'之为言,犹'爱幸'之辞云尔。明妃处汉宫,数岁未得见御,是爱幸之所未及者,曰汉恩自浅可也;单于喜得明妃,其恩自深,亦就其爱幸之私言之,于明妃何有倍主忘汉之嫌哉?"这里说了"只缘未识'恩'之一字耳"很有意思。蔡上翔指出:王安石在此只说出一客观事实,即昭君在汉宫未得爱幸,而在匈奴得到了单于的爱幸,根本说不上倍主忘汉。这分明是说范冲只因不识一"恩"字,才引起一场误解,居心是很厚道的。

当然,韩文公所说凡为文辞宜略识字,确是颠扑不破的道理。试问连略识字都做不到,又怎能作文?退而言之,连略识字也说不上,怎能看懂别人的诗文,又怎能不曲解人家的意思?然而在那党争气氛热烈的政治斗争漩涡中,只以识字不识字来辩诬,还是多少有点书生气的。对王安石而言,他长期以来是众矢之的,许多反对党人在其生前无不想置之死地而后快,在其死后还得要"踏上一只脚,使他永世不得翻身"——这类事在"十年动乱"中"四人帮"还搞得少吗?对于王安石的诗文,反对派哪能不千方百计在夹缝里做文章!

历史上有所谓文字狱,明清时尤烈。兴文字狱的人特别善于在他人著作的字里行间牵强附会地罗织罪状。清朝的徐骏,在其诗集里有那么两句:"清风不识字,何事乱翻书?"这个"清风"的"清"就被指控为影射清朝,加之"不识字",就被说成是诽谤清统治者野蛮无文化。徐骏因此送了命。把"不识字"说成诽谤,说明当时的统治者不愿给人说成无文化,而事实上那些大兴文字狱的君主,如雍正皇帝、乾隆皇帝颇有点文化;即如年轻时当过和尚的大明开国皇帝朱元璋本来不识字,由于工作中勤学,当上皇帝后也颇识几个字。然而就是这几个皇帝大兴文字狱。吴晗在《朱元璋传》中刻画朱皇帝的心理说:"朱元璋特别注意文字细节和自己出身经历的禁忌,吹毛求疵,造成了洪武时代的文字狱。"接下去又写道:"所谓禁忌,含义是非常广泛的。例如朱元璋从小过穷苦的生活,当过和尚。和尚的特征是光头,因之,不但'光''秃'这类字对他是犯忌讳的,就是'僧'这个字也很刺眼,推而广之,连和'僧'同音的'生'字,也不喜欢了……最恨人骂他是'贼',是'寇',推而广之,连对'贼'字音形相像的'则'字也有些气了。"有个倒霉的杭州府学教授徐一夔,在其《贺表》中有这么一句:"光天之下,天生圣人,为世作则。"这分明是歌功颂德的句子,朱元璋读了却大怒,硬说"光"是指他曾是秃头,"生"是指他当过和尚,"则"是骂他作过贼。都凑在一起了,徐一夔的命运可知。当时因用了"生""则"等类字而无辜送命的不少。事实很清楚,不是那些皇帝不识这些普普通通的字而引起了误解,而是为了政治斗争的需要。

不识字,会看不懂人家的文章而引起误解,但是文字狱中一桩桩案件所以发生,与其说由于专制统治者不识字,毋宁说出于他们识字识"过了头"。

以猿猴调侃人

俗话说:"猢狲栽树,不死不息。"猴子生性灵活好动,抓到东西,玩弄个没完。它的这种性格使得它常被用来调侃人。项羽破咸阳,烧秦宫室,火三月不灭,他见秦宫室火烧残破,欲东归,说:"富贵不归故乡,如衣绣夜行,谁知之者!"有人就嘲笑他说:"人言楚人沐猴而冠耳,果然。"说项羽是猕猴戴帽子,毕竟不像样。结果,说者落得被项羽烹死的悲惨下场。

猿与猴相似,也常被用来调侃人。唐代赫赫有名的大书法家欧阳询,人长得瘦小,人们嘲笑他像猿猴。孟棨《本事诗》:"国初长孙太尉见欧阳率更姿形么陋,嘲之曰:'耸膊成山字,埋肩畏出头。谁言麟阁上,画此一猕猴?'"长孙太尉即长孙无忌,太宗皇后的哥哥;欧阳率更即欧阳询,欧阳纥的儿子。唐人小说中有一篇《补江总白猿传》,竟把欧阳询污蔑为白猿所生。故事说欧阳纥征桂林,妻子给妖摄去而有孕,后妖被杀死,乃一白猿,纥妻周岁生一子,活像猿类。这分明是有人对欧阳询心有不满,写小说诽谤。汪辟疆校录《唐人小说》,在这篇后以可信文字辩诬说:"不知何以至此无妄之谤,斯足慨已!"

曹丕《典论·论文》中说:"文人相轻,自古而然。"我在《拜袁揖赵哭蒋图》中曾写到赵翼委婉曲折地表示他不甘心屈居袁子才、蒋心余后而为老三。这还不算,瓯北也曾以猿猴来调侃子才。袁、赵在乾隆十四年在西湖第一次相见,互有诗相赠。瓯北《西湖晤袁子才喜赠》中有句"不知即是郑公乡"后有一小注云:"君自言前生为点苍山五百年老猴,余昔从军过点苍,万树猿声,不知中有君巢穴也。"袁以猿猴自嘲,是完全可能的。瓯北又以此写游戏文章对子才浪荡作风嘲弄,作了一篇《控词》,可以在梁绍壬的《两般秋雨庵随笔》中读到。《控词》开头是:"为妖法太狂,诛殛难缓事:窃有原任上元县袁枚者,前生是怪,括苍山忽漫脱逃;年老成精,阎罗殿失于查点。"接着罗列子才韵事。最后说:"虽曰风流班首,实乃名教罪人。为此列款具呈,伏乞按律定罪。照妖镜定无逃影,斩邪剑切勿留情。重则付之轮回,化蜂蝶以偿凤孽;轻则递回巢穴,逐猕猴仍复原身。"玩笑真真假假,其中"年老成精""名教罪人"实在触到子才痛处,使他哭笑不得。梁绍壬在此条下评说:"其罗织之词,虽云游戏,亦实事也。"

清末洋务派首脑张之洞,民间传说他是猴子转世。故事说张之洞出生前,他家东西常不翼而飞。经过几次侦察,发现有一身手矫健毛茸茸的怪物时来窃取,然后登屋越垣逃入悬岩绝壁之间而不见。张家以重金募人入山搜捕。应募勇士攀绝壁入一山洞,见一老猴正在看书。勇士飞起一镖,击毙老猴。就在老猴死亡之刻,恰是张之洞出生之时,他不就是通灵猴精转世? 故事无疑是编出来的。但张之洞为人短小,喜动,据说喜吃水果,不时伸手向悬挂在半空的篮子里摸水果来吃,活像猴子。晚清著名小说《孽海花》描写了清末官僚、文人的生活,小说里的庄芝栋(指张之洞),形象短小,喜动,不拘细节。作者在第五回朝廷大考一事中写道:"只见一个三寸丁的矮子,猢狲脸儿,乌油油一嘴胡子根,满头一寸来长的短头发,身上却穿着一身簇新的纱袍褂,怪模怪样,不是庄寿香是谁呢?"庄寿香即张之洞。作者写他在保和殿参加大考,高谈阔论,手舞足蹈,半真半草胡乱完卷,真是怪形毕露。大致描写张之洞,很容易同猢狲的形象联系起来。

一般说来,中国人对猿猴还是非常喜爱的。《西游记》里的孙悟空,机智灵活,心明眼亮,嫉恶如仇,诙谐乐观。不论书本上,或是舞台上,人们看到孙悟空,就觉得很可爱。以猿猴调侃的作品多意在打趣,充其量不过是恶作剧而已。

文学中的狐

近读歌德长篇叙事诗《莱涅克狐》,觉得风趣而有意思。西方文学中写狐由来已久。古希腊《伊索寓言》中与狐狸有关的寓言有三十多则,此书中的狐狸与许多动物(还有植物)打过交道,虽说各则都有其寓意,但总起来多少刻画出狐狸的狡猾。之后,关于狐狸的诗歌也出现,逐渐形成鸿篇巨制,如12至13世纪法国圣·克卢等编撰的故事诗《列那狐传奇》等。德国也流传以狐狸为主人公的文学作品,故事越来越完整。到1793年,歌德编撰成著名的《莱涅克狐》(以往译作《列那狐》)。其中写了一个完整的故事:狐狸常作恶,罪行被控告,狮王派员暗查,狐狸设计脱身;后来虽被带进朝廷受审,它又花言巧语骗得信任。它诡计多端,罪行累累,但凭借奸诈屡屡过关,反而步步高升,最后成了狮王的宰相。在法国的《列那狐传奇》中,狮王最后要封狐狸为大元帅,列那狐坚辞不就,它死后朝廷为它举行隆重的追悼会,悼词中高度赞美它的德行。此中兽事即人事,兽场即当时的官场。

我国古代文学中也常写到狐狸。《诗经·七月》"取彼狐狸,为公子裘",是实写;《诗经·有狐》"有狐绥绥,在彼淇梁",则是借狐隐喻男子。与西方比,我国关于狐狸的寓言实在少,但还有《战国策》中"狐假虎威"一则为人所熟知。我国与西方寓言中之狮、虎同为百兽之王;至于狐,如果歌德笔下的莱涅克狐是凭借其狡狯高升的权奸,那么我国假虎威的狐至多不过如鲁迅《二丑艺术》中所描绘的二丑而已。寓言中之狐事亦人事。

我国狐狸作祟的故事倒是流传很广。古时所流传的故事因《虞初周说》等小说散失,已不得而知。经书中如《诗经·小雅·何人斯》"为鬼为蜮,则不可得",其中"蜮",毛传训"蜮,短狐也"。若此则狐与鬼并提,其变幻可知。但是后世一般把"蜮"说成一种含沙射影以害人的怪物。鲁迅辑《古小说钩沉·玄中记》:"水狐者,视其形虫也,其气乃鬼也……见人则气射人,去二三步即射;人中,十人六七人死。"此条下注:"广记四百七十三题感应经引玄中记云:蜮以气射人,去人三十步即射中其影,中人死十六七……江淮间谓之短狐射工,通为溪病。"则"蜮"有水狐、短狐名称,亦恐非通常所说的狐狸。

还有,我们虽通常把狐叫作狐狸,但狐与狸还是有分别的,古人早已指出。《淮南子·缪称训》:"今谓狐'狸',则必不知狐,又不知狸。"古时以狸捕鼠,后来驯猫为家畜而以猫捕鼠。以先秦言,《庄子·秋水》:"骐骥骅骝,一日而驰千里,捕鼠则不如狸狌。"在《韩非子》中亦讲到令鸡司晨,使狸捕鼠,是皆用其能。但是狸喜偷鸡,故驯猫捕鼠。汉时记载以猫捕鼠已常有,到唐代已普遍养猫,猫成为很重要的家畜。狸是狐属,但不就是狐;又说猫见狸不敢动,故猫在诗文中又常被称为狸奴。

秦末有借狐言发动起义的,即"篝火狐鸣"的故事。《史记·陈涉世家》:"又间令吴广之次所旁丛祠中,夜篝火,狐鸣呼曰'大楚兴,陈胜王'。卒皆夜惊恐。旦日,卒中往往语,皆指目陈胜。"发动起义借重狐言又为戍卒所信,可见狐祟在民间流传普遍,足以惑人。

此后狐祟的记载就多了。狐常被说成好学而有学问。《幽明录》:"董仲舒尝下帷独咏,忽有客来,风姿音气,殊为不凡,与论五经,究其微奥。仲舒素不闻有此人,而疑其非常。客又曰:'欲雨。'因此戏之曰:'巢居知风,穴居知雨;卿非狐狸,即是鼷鼠!'客闻此言,色动形坏,化成老狸蹶然而走。"《管锥编·狐好学》一题下,作者说:"然则兽之好讲学而爱读书者,似亦推狐,小说中屡道不一道。"在中国,狐亦常被说成纵火为祟。《三国志·管辂传》有一注,大意说:辂远邻数患失火。辂为之卜,使明日于南陌上等候,当有一角巾诸生,必引留,此人能消灾。即从辂言,留诸生宿其家;生倚薪持刀假寐,忽有小物手中持火,以口吹之,生惊,举刀斫之,正断其腰,视之乃一狐,自此无火患。在旧社会,关于狐狸精放火的传说是很普遍的。汉以后记载狐祟的可说汗牛充栋,到唐宋就有"无狐魅不成村"的说法了。

狐之所以能作祟,因为它成精。《玄中记》:"狐五十岁,能变化为妇人;百岁为美女,为神巫;或为丈夫,与女人交接;能知千里外事,善蛊魅,使人迷惑失智,千岁则与天通,为天狐。"总之,修炼年岁越久神通越广大。民间特别喜谈女狐精,它美艳,迷人,终至于害人。这一来"狐狸精"成了骂妖艳女人的专门名词。这或许与《封神演义》小说和封神榜戏有关。纣王闻苏护女妲己美,召之入宫,中途给狐狸精吸去魂魄,借尸成形,为纣王宠妃。妲己助纣为虐,用种种酷刑残害臣民,成了阴险毒辣女人的典型。对于这种女人,人们干脆骂"你这妲己"了。

文学中的狐到《聊斋志异》又一大变化。这部杰出的小说谈狐说鬼,揭露封建社会的黑暗,并以同情笔调描绘了青年男女真诚的爱情。鲁迅在《中国小说史略》中说:"明末志怪群书,大抵简略,又多荒怪,诞而不情,《聊斋志异》独于详尽之外,示以平常,使花妖狐魅,多具人情,和易可亲,忘为异类,而又偶见鹘突,知复非人。"一反以往把狐写成狡狯作祟、害人的常态,而把狐写得美丽多情,楚楚可爱,不能不说是写狐文学的大提高。因此人们谈起文学中的狐,不会不想起这遐迩流传的名著《聊斋志异》,不会不想到妙笔生花的蒲留仙。

读　画

英国19世纪著名政论家、艺术评论家罗斯金认为：伟大民族的自传都有三种稿本，一本是以其业绩写成的，一本是以其言辞写成的，一本是以其艺术写成的。人们欲知其一，非得同时知其他两本才行；但三者中唯独最后一本才是真实可信的。以艺术史为头等信史，出自艺术评论家之口，确乎不无道理。的确，一国的艺术，很能反映出民族的生活、思想和情操。一幅有价值的中国画，不论是人物画、花鸟画还是山水画，均来自生活真实，都能很好地反映出中国人的思想和情操。

我们常以触手可及来形容事物的真实性，这是有道理的。英国大文豪约翰生博士，为了驳斥一位哲学家说什么物质不存在的谬论时，就对脚下大石块狠命踢了一下；在他看来，这一脚足以证明自己观点的正确。约翰生一生行事常被世人看成怪僻，但实在可爱，他这一脚也是踢得怪可爱的。今天，对那种作起画来任意涂抹、不存一物、莫名其妙的画家，还得有约翰生博士这种人狠狠踢一脚，教他清醒清醒。诚然，摸得着比看得见、听得着、闻得出似乎更富于实感。关于绘画，不是也流传着一些把画上事物当作真东西用手去摸的有趣故事吗？这类故事为人津津乐道，正说明画得真实很重要。我们看到许多西洋画画得逼真，真实感很强，画得好。优秀的画家都有这种基本功，但仅此还不够，要能进一步把人们各种感觉都调动起来，画出鸟语花香、水光波涛，甚至推波助澜，激起人们的想象与感情，充分发挥通感之妙用。

我常常喜欢把西洋画中可爱的小爱神丘比特与中国敦煌壁画中的飞天相比。胖胖的丘比特，鼓起背上双翼，在天空中飞，多么可爱！但有时又觉得那一对小小的翅膀不足以驾起那胖胖的身子来凭空翱翔，往往给人飞不起来的感觉。飞天可就不同了，画家只用一条挂在身上迎风飘扬的带子，就能让你看到满身馥郁的"香声神"在天空中自由自在地飞。

再讲一个人们熟悉的故事。唐代大画家吴道子和李思训，同在大同殿壁上作画，都画嘉陵江山水图。李思训"累月方毕"，画得好；吴道子则一日之内画成了"嘉陵江三百余里"风光，也非常好。把数百里江山画在一壁，的确壮观，可惜我们今天看不到了。所幸今天我们还能看到宋人张择端的《清明上河图》卷，它生动地描绘了当时北宋首都东门外长长一段闹市的景象，多么繁华！我们还能看到诸如《富春山居图》《杜甫诗意图》《长江万里图》等长卷，它们都给祖国大地山河增色。把万里山河从这头画到那头成一卷，把平铺的山水由下往上安排在一轴，山色重峦叠翠，水势浩浩荡荡，山高水长，气象雄浑，荡人心胸。这是我们中国画的一大特色，是拘泥于一个透视点作画所办不到的。反映在这里的不仅是一种气势，而且是一种愿望、一种思想，反映了我们优秀画家的气魄、胸怀，和热爱祖国大地山河的思想情操。

由此可见，对于思想性、艺术性高超的画，我们是应该"读"的。记得我第一次碰到"读画"这两个字，觉得别致新鲜，一时不甚了了。后来画看多了，在欣赏佳作的过程中，久而久之，才真正体会到这个"读"字实在用得高妙。西方思想史中曾有过一次"信之知之"还是"知之信之"的辩论。读过西方文字史的都知道中世纪哀洛绮思与阿培拉德精神相爱的佳话。这里且说这位男主角彼得·阿培拉德，此人好辩，且辩求必胜。有一次他与哲学家安塞姆公开辩论。安塞姆说："我必须信仰才能领悟。"阿培拉德反驳说："不对，我必须领悟才能信仰。"毫无疑问，阿培拉德是对的，更可贵的是在宗教迷信弥漫的中世纪他能说出这番话是很难得的。我们欣赏图画何尝不存在"信之"与"知之"关系的问题呢？如果你是从"信之"出发，有时就难免因先慑于画家之名而把那种做手脚大泼其彩的图画当作好作品；如果你从"知之"出发，欣赏画时就首先得仔细琢磨琢磨——我想，这也许是"读画"两字的道理所在吧！

评画的启示

读《美术》1984年第1期吴冠中的《评选日记》,很受启发。作者于1984年8月24日至31日在沈阳评选参加全国美展的油画,白天评画,晚上记些杂感,写下了《评选日记》。作者写道:"有些作品已见过刊物发表,但原作却不如印刷品。评委们有一共同体会:出色的作品总印得不如原作,较次的作品印出来后往往倒比原作效果好。"我平日工作之余喜欢看看画,当然是印出来的画看得多,原作看得少。偶有原作与印刷品都看过的,竟也有同样的感受,无疑这感受远比不上评画专家们那么真切。

摄影大家看多了,都会有这样的体会:某一平常的风景在照片上往往好看得多。我在去黄山游览之先,看过不少黄山的照片,觉得美极了,但到我亲到黄山,才发现照片上的黄山与真实的黄山相差不可以道里计。黄山壮丽的全景,特别是那气韵,是照相无法拍摄出来的。

听戏也是一样。有一次,一位京剧名演员演出,我坐在前排边上,前面墙上就是扩音喇叭,戏虽唱得好,喇叭传出的声音响则响矣,但听来实在不是味,觉得很懊丧。在家也听收音机或录音机中的京剧演唱,与现场所听相比,也有上面评画中类似的感受:名角演唱,转播多少失去精彩;唱得较次的,转播则往往胜过现场演唱。

以上情况原因何在?关于绘画,吴冠中说:"珍贵的色的变异及敏锐的手的波动感是不容易在印刷品中反映出来的。相反,作品中那些疙疙瘩瘩、黏黏糊糊的油彩之病，经印刷工序给抹得含混不清后，倒起了遮丑的作用。"扩音喇叭之于演唱何尝不是一样：音色清润、韵味醇厚的细微处转播不易反映出来；相反，喇叭对那不能满腔满调唱出情味的，倒起遮丑的作用。总之，不论印画或播唱，容易产生的共同毛病在于失真。

这使我联想起人物评定。人物评定中确也有真与失真之别。我国汉以来品第人物就发生名与实的问题。据历史记载，有的人名气很大，但实际一考核，原来是徒有虚名，所谓"盛名之下，其实难副"；有的人则名不虚传。因此，真正看人，耳闻是虚，眼见是实，社会上流传的"闻名不如见面"的说法，确是经验之谈。

有的人徒有名声，初与之交，由于他善于粉饰，一时印象很好；久而久之，其弱点毛病一一暴露，真相大白，最后才晓得此人不足道。也有的人与之交往越深，越能体会到他的好处。如周瑜，演义故事中把他描写成心地褊狭，不能容物的人，其实不然，他对待程普的态度，就很能说明问题："普颇以年长，数凌侮瑜，瑜折节容下，终不与校。普后自敬服而亲重之，乃告人曰：'与周公瑾交，若饮醇醪，不觉自醉。'"（见《三国志》卷五十四周瑜传中注）这里可以看到周瑜的气度与风范。东汉名士品行在当时评价最高的恐怕是黄宪，越与他结交，越能切实地体会到他的高尚。大名士陈蕃说："时月之间不见黄生，则鄙吝之萌复存乎心矣！"可见当时人心目中的黄宪是见面胜似闻名的。

"闻名不如见面"，后来往往与"见面不如闻名"相对应用，把"闻名"与"见面"对比一下，比个高下。前者的意思多指见到的比听到的更好；后者则是听来名声大，见面实不如。唐传奇《霍小玉传》写霍小玉初次见才子李益时的情景："玉乃低鬟微笑，细语曰：'见面不如闻名。才子岂能无貌？'生遂连起拜曰：'小娘子爱才，鄙夫重色；两好相映，才貌相兼。'"这里霍小玉所说"见面不如闻名"，显然只是指李益无貌而已；如果李益才情亦徒有虚名,则小说家笔下又哪能写出他们之间一段浪漫的爱情生活呢?如果陈蕃敬重黄宪由于其品德,程普敬服周瑜由于其气度,那么霍小玉眷恋李益则是由于其才情。

再往前联系,我联系到教师修养的重要了。教师与学生日日相见,师生要能相处得融洽,教师要愈益受到学生的敬爱,则教师在品德、情操、学识方面的修养一日也不能放松。

"回到自然"

中外历史上"回到自然"归真返璞思想,都是为躲避和纠正人类文明社会中种种弊病而提出的。一提起它,人们自然而然会想起法国思想家卢梭。

卢梭在避居滨纳湖时,听到涛声不绝于耳,旧恨新愁一干二净,忘怀己身,仿佛与自然欣合无间。这种思想推到他的社会观方面,他认为在原始社会"自然"状态下,人人都享有"自然"的自由平等,只是由于科学、艺术等的发展,人类社会产生道德败坏现象。他的这种思想写在他的《论不平等》一书中。1756年,卢梭以此新著奉赠思想界权威伏尔泰,伏尔泰看了大为不满,回信说:"我收到你反人类之新著,谢谢。"接下去是伏尔泰式的机智言语,他写道:"从未有人如此地运用这么多聪明智慧,来劝我们变得愚蠢。拜读大著,觉得应该四脚四手在地上爬行才对头。不幸60年来我早已丧失了这种习惯了。"伏尔泰的讥评非常尖酸刻薄,但不管如何,卢梭此书及其他著作,在人类思想上却掀起轩然大波。

卢梭的思想不胫而走,当时还有人企图用实事来印证。1767年,法国探险家布甘维尔到达南太平洋的大溪地岛。这位卢梭思想的信徒就以大溪地原始部落生活,来证明居民平等而高尚。这南洋诸岛原始部落生活在巴黎、伦敦广为传闻。1773年,有一位好事者据此对约翰生博士宣扬原始人生活如何如何欢乐。博士说:"你别相信那种天大的荒唐事。事实只会是可悲的。若是一头公牛会说话的话,它一定会宣称:'瞧,我这里有母牛和草料,再也没有比这更幸福的了!'"这里又是约翰生式的尖酸刻薄。事实确乎是,这种原始部落与外界一接触,欧洲文明之风一吹进去,殖民制度压到头上,它们就纷纷解体了。

我国早在春秋战国时期,道家就对当时社会的种种弊病进行针砭。庄子的那套超自然的思想太玄乎,无补于实际。后起的老子则比较实际,提出"小国寡民"的主张,试图以此来解救社会弊病。老子反对接触大社会,他认为交通日益发达,人们外出远行,知识日增,欲望也随之日增,进而引起争端。若是"小国寡民,使民有什伯之器而不用也,使民重死而不远徙,虽有舟舆无所乘之……邻国相望,鸡犬之声相闻,使民至老死不相与往来",那就可能一劳永逸地制止社会弊病产生了。这也是逆历史潮流而行,实际上也是行不通的。

庄老思想虽脱离实际难以实行,但他们看到社会弊病想有以解救之,对后世文艺也有不可磨灭的影响。晋代大诗人陶渊明写过一篇世代传诵的名文《桃花源记》,就多少反映出回到自然返璞归真的思想。陶渊明看到当时统治阶级的腐朽、社会的黑暗,向往着并描绘了桃花源这个小国寡民的理想社会。但是桃花源也并非陶渊明凭空臆造出来的乌托邦。魏晋社会大动乱,人民大迁徙,有的避难集团躲进旷野深山老林,建立居民点,与外界隔绝,是一些比较平等的小天地。《桃花源记》某种程度上反映了当时的社会历史现实,同时也寄托了诗人的理想。同样,这种一时隔绝的小世界,也经不起与外面大世界接触,一接触也就纷纷瓦解了。这篇名文的结束饶有意趣:"南阳刘子骥,高尚士也,闻之,欣然规往。未果,寻病终,后遂无问津者。"似乎是烟消云散,不知何所了。

今天,我们也不能轻轻一笔抹杀庄老,也不能把卢梭的想法说成纯然空论,他们指出当时社会的弊病,颇具真知灼见。

当今世界上也有一些有头脑的人担心,一方面物质文明发展一日千里,一方面精神上很空虚,特别是发达的资本主义国家,在这方面弊端丛生。但谋求解救,能否逆社会发展而行,倒退回去?显然是不能够,也是不可能的。

我国进行"四个现代化"的伟大建设,打破闭关自守的状态,实行对外开放的政策,人们担心会有许多不健康的东西随之而来,腐蚀我们的肌体。我们能否因噎废食不发展物质文明甚或倒退回去呢?显然不能够,也是不可能的。据社会历史发展的规律,根本不可能返璞归真回到自然中去。物质文明、精神文明都应向前发展,为此我们提出了在建设高度社会主义物质文明的同时,建设高度的社会主义精神文明,即"两个文明"一起抓的思想。这是高瞻远瞩、深谋远虑的。

艺术家的厄运及联想

艺术家生理上遭厄运,莫过于音乐家失聪和书画家失明。

做一个音乐家,最要紧的是有一双善于辨音的好耳朵。没有好的听觉,即使有多么灵巧的手也成不了好的演奏家,即使有一个好嗓子也成不了一个好的演唱家。听觉不灵,又何尝能成为好的指挥家和作曲家呢?也有已有成就的音乐家,一旦失聪,遇到了天大的不幸。伟大音乐家贝多芬就遭到失聪的厄运。

1796年至1800年间,耳聋开始对贝多芬施加酷刑。直到1801年,他不能再缄默,绝望地告诉朋友:"你的贝多芬真是可怜已极!……我的听觉,大大地衰退了。"后来,他的耳朵完全聋了,从1815年秋天起,他和人们只有笔上往还。然而奇迹却是,贝多芬一生许多伟大的乐曲都产生在遭逢耳聋厄运之后。这不能不归功于他的伟大人格,与命运搏斗的英勇精神,惊人的毅力和超凡入圣的音乐技艺。他的耳朵聋了,但他的心灵是一丝一毫也不"聋"的。

著名书画家晚年失明的有扬州八怪之一的汪士慎。汪士慎,字近人,号巢林,清康熙乾隆时人。他是有名的画家,被誉为画梅圣手;他擅作八分书,古朴瘦硬;他兼擅篆刻,平生所治印无一不佳。总之,书、画、金石无不精绝。不幸他61岁那年罹目疾,医治无效,左目完全失明,右目只剩几分光,晚年自号"左盲生"。对书画家来说,眼睛是生命,一旦失明,艺术生命也就完了。他的朋友纷纷安慰他。老朋友名金石篆刻家丁敬送他的诗有这样两句："肉眼已无天眼在,好看万象又更新。"他自己亦和老友金冬心说："衰龄忽尔丧目,然无所痛惜,从此不复见碌碌寻常人,觉可喜也!"(金农《三体诗序》)受到如此沉重打击,汪士慎并不灰心,依然凭着右眼几分光作书。金冬心说:"汪六士慎,失明三年,忽近展纸能作狂草,俨然如双瞳未损时。"这分明是奇迹! 还得归功于他修养深,毅力强,一生勤奋和艺事高明。他的眼睛虽失明,但他的心是光明的。

上面的事使我联想起英国大诗人弥尔顿。弥尔顿于1608年出生于伦敦,一生正值17世纪的英国资产阶级大革命,他积极参加了革命斗争。1651年他一目失明,是年他用拉丁文写了《替英国人民声辩》的小册子,受到攻击,于是又写《再次替英国人民声辩》,1654年出版。在这期间他双目失明了。他写过一首《哀失明》,开头就是"思及在此黑暗茫茫世界,未到半生而竟双目失明",诗意是非常愁苦的。他的敌人幸灾乐祸地攻击嘲笑他目盲,弥尔顿气愤地反击说:"我宁可我的失明,不要你们那种失明。你们失明在心灵深处,对眼前事也瞠目不视。诚然我看不到事物的颜色和表象,但其真凭实据岂能逃过我的真知灼见。"弥尔顿前妻死后,1656年他第二次结婚,那时他已失明。他一生只留下一首爱情诗,是一首题为《梦亡妻》的凄苦的十四行诗。但这首诗究竟是写给哪一位妻子的至今未有定论,倒是流传一则故事:"弥尔顿失明后讨一房续弦,布金汉公爵称她玫瑰花。弥尔顿回答说:'颜色我无法辨出,可能是株玫瑰花,因为那刺我是每天摸得到的。'"是真是假不得而知,且姑妄听之。失明后的弥尔顿只得依靠他的女儿们助读和创作,就是在这万分艰苦的情形下,他写了不朽名著长篇叙事诗《失乐园》,给世界文学宝库增添了宝藏。他还写了诗剧《萨姆孙》,歌颂被敌人弄瞎眼的英雄。歌德与爱克曼谈到过这部诗剧,歌德说:"这部悲剧在精神上比任何近代诗人的作品都更显出希腊古典风格。他是很伟大的。他自己失明是一便利条件，使他把萨姆孙的情况描绘得很真实。"

"肉眼已无天眼在"的人，在现代中国可以联想到陈寅恪。他"衰年病目，废书不观，惟听读小说消日"（《论再生缘》），且勤学著述不辍。晚年他以衰残之身，"继续草钱柳因缘诗释证，至癸卯冬，粗告完毕"，即今天我们读到的《柳如是别传》。此书以明末清初社会为背景，以钱谦益、柳如是因缘为线索，对当时大世变史实有详尽的考证。这是一部约八十多万字的长篇巨著，很难设想是出自双目失明的老人之手。读此书，不能不惊叹著者深厚的功力和惊人的毅力。

1981年，我曾在《文汇报》上发表"教育断想"连载短文，其中有一则题为"幼功与勤学"，列举了一些艺术家幼功扎实、勤学不止而后取得成就的故事。写这篇短文时又一次联想到幼功与勤学的重要性。上面讲到的遭厄运的艺术家、文学家，若不是有无比深厚的功力和锲而不舍的精神，灾难袭击过来后，他们哪里还可能取得如此巨大的成就！

克拉克谈西洋歌剧想起的

1969年,英国电视台举办介绍西洋文化艺术的系列节目,底稿编成一本书,叫《文明:一己之见》。书在西方颇为畅销。作者肯尼思·克拉克是英国负有盛名的艺术史家和艺术评论家,由于电视中介绍艺术的系列节目受到欢迎,他成了英国家喻户晓的人物。我们可以从他《文明:一己之见》一书中,读到他关于西方各种艺术的许多独到的见解。这些见解很能启发研究艺术的、美学的人去思索一些问题。

由于电视广播安排给这个节目的时间很少,并要求在有限的时间内,上下古今纵谈西方种种艺术,且要刻画出历史线索,所以作者除建筑、美术谈得较多外,有的项目就谈得很少,至于西洋歌剧,所谈辑入书中的只有一页多篇幅。作者说:"歌剧与哥特式建筑一样,同是西方人的最为奇特的发明。"他说人们一谈起歌剧,都爱引用约翰生博士所下定义,即"一种豪华而难以理喻的享乐"。但据作者考证,博士根本未讲过这样的话,然而他又说不管如何这一说法颇具灼见。

克拉克说歌剧在西方文明中有如此巨大威势,简直达到令人不可思议的程度。在书中他问道:"为什么人们静静地一坐就是三个多钟头,去听他们不明一字且于情节亦不甚了了的表演?""为什么至今德国、意大利各处小城镇每年总要为它提供一笔可观的预算经费?"接着作者自己回答说:"当然,部分原因是演唱技巧,就如一场精彩的足球比赛那样。但我想最主要的还是由于'凡说不出来的傻话都可以唱出来'；确也是，凡精微难言，或感深难发，或意在象外，或神幻莫测，这一切统统可以用唱而且也只能以唱唱出来。"这样去评论歌剧也许有人要说是奇谈怪论，但反正这是作者的"一己之见"，信不信由你。不过，有些情况确乎有：西洋歌剧最有名的、唱来唱去的就是那么几十个，但百听不厌；有名的咏叹调或高技巧的唱段，歌剧爱好者或已烂熟于心中，但名角一唱，剧场里总是如痴如狂。再如其他国家歌剧的爱好者，虽对歌剧所用语文如意大利文、德文等一字不懂，对歌词也一无所知，但听到名歌唱家唱名段子，也竟是十分陶醉。这些似乎都是不可思议的。

反思我国京剧欣赏，也有同样现象，可谓不谋而合。外国人把京剧译作北京歌剧，这一译名就颇有意思。京剧与西洋歌剧，就唱功而言，各有千秋，有异曲同工之妙；至于表演，则京剧还要出人头地。我国戏剧历史悠久，剧种众多，长期交流，京剧博采众长，成了我国古典戏剧集大成的剧种。外国朋友盛赞京剧"是中国歌剧艺术的高峰，是歌、舞蹈、杂技和音乐结合的典范"。有趣的是，京剧欣赏也有同类情况：最有名的戏，唱来唱去的、演来演去的也是那么几十出，也是百听不厌、百看不厌；京剧爱好者听到名角唱名段子，一句一声彩；看精彩表演，一举手、一投足，叫一声好。这似乎同样不可思议。

如果说西洋歌剧"凡说不出的都可唱出来"的话，京剧除这一点相同外，还得加上一句，"凡做不出来的都能表演出来"。观众不是通过演员的表演，在舞台上看到琼楼玉宇，高山大川，有人飞檐走壁、腾云驾雾吗？

京剧的高度艺术成就和特点，是京剧改革者必须深刻认识和特别注意的。最近看到有的戏改得很好。如《草桥关》《上天台》和《打金砖》，京剧爱好者百听不厌、百看不厌，但戏里说东汉光武帝刘秀大杀功臣与历史事实出入颇大。把三者改编成《汉宫惊魂》，纠正了错误情节，而把精彩的唱与做都保留并且加以改进，改得好，很受观众欢迎。又如

《青丝恨》,是改革《情探》而来,在电视中看了海神庙一折,觉得改得好。剧本借海神、判官、小鬼的表演,讽刺了封建社会官僚制度,内容富有新意;表演手法及灯光等也吸收了别的剧种的长处,给人以耳目一新的感觉。尽管经过很大改革,不仅丝毫不觉得不伦不类,而且恰恰是京剧的本色,这种改革成绩是十分可贵的。至于编演新的京戏剧目,注意京戏唱做的特点是万万不可忽视的。

再则,无论西洋歌剧或京剧,最最要紧的是要有优秀的演员去表演。因此,至关紧要的还是要致力于出类拔萃的演员的培养。

劳于求人而逸于任人

《资治通鉴》卷二百三十七记载,唐宪宗李纯有一次问到帝王劳逸的问题,宰相杜黄裳回答说:"明主劳于求人而逸于任人,此虞舜所以能无为而治者也……昔秦始皇以衡石程书,魏明帝自按行尚书事,隋文帝卫士传餐,皆无补于当时,取讥于后来,其耳目形神非不勤且劳也,所务非其道也。"这段话所表达的意思是非常中肯的。

当然,不应把这段话误解为治国者该无所事事,饱食终日,无所用心,尸位素餐。中国历史上的荒唐皇帝大有人在,若说于国事无所用心,明朝的嘉靖皇帝、万历皇帝可算典型。嘉靖皇帝迷信道教,求长生,几十年不见朝臣,不问国事。奸臣严嵩当政,政治黑暗腐败不堪。皇帝斋醮祭天神的表文叫青词,臣子争以青词邀宠,严嵩就是长于写青词的。海瑞看到朝政腐败,上疏给皇帝说:"……谬谓长生可得,一意修玄,土木兴作,二十余年不视朝政,法纪弛矣。"皇帝不仅半句听不进,反而将海瑞下狱治罪。万历皇帝则变本加厉,"更上一层楼",自亲政后,几十年难得视朝,许多官挂印自去也没人管,中央、地方衙门官缺无人补,弄得台省空虚,诸务废堕。赵翼的《廿二史札记》中专门写了一段,题目是"万历中缺官不补",从中可知梗概。

以上情况今天看来似乎不可思议,然而也并非不可思议。试看,今天有些官僚主义者饱食终日无所用心的祸害:任五千多吨食糖淋雨,几十万斤苹果腐烂,成千上万吨粮食变质,等等。这些令人痛心、令人愤慨的事,难道不是那些尸位素餐、无所事事的官老爷犯下的罪行吗?

由此可见,治国者都应劳,力不出,心不用,人民要你何用?本文开头一段话里提到的秦始皇和隋文帝,至少他们治国是勤劳的。秦始皇"日衡表章,至一石为程",一天自定要看竹简表章一百二十斤;隋文帝"临朝不暇退食,乃令卫士传餐",上朝忙得吃饭也顾不上。杜黄裳对他们的批评只是"所务非其道"也。他们其实都是有作为有贡献的皇帝,如此勤政,所作所为很难说都是"非其道"的。中国历史上有作为的皇帝都是勤于政治的,他们之外还可举出汉武、唐宗、宋祖、成吉思汗、康熙皇帝等,都励精图治,做出了一定贡献。人们在此一定会提到那位主张黄老之治的汉文帝,以为他一味无为。但只消看一看他的作为,就知道他不论对内治国,对外应付匈奴,都用足了心思。他适应当时情况,把心思用在切实做到休养生息这件大事上,不是"所务非其道"的。总之,治国者都要劳,但要抓大事,劳在其所应劳的地方。

唐朝开国君臣鉴于如此国力隆盛的隋朝竟两世而亡,常常讨论隋政治的得失来吸取教训。《资治通鉴》卷一百九十三:唐太宗问房玄龄、萧瑀"隋文帝何如主也"?回答说"亦励精之主也"。太宗说隋文帝"事皆自决,不任群臣",而他自己能"择天下贤才","有功则赏,有罪则刑,谁敢不竭心力以修职业,何忧天下之不治乎!"这就把问题说得比较全面了。治国者要"劳于求人",千方百计选拔贤才;"逸于任人",选上来的人要放手使用。唐太宗认识到这些并主动去做,出现贞观之治,这也是很重要的一个方面。

今天,中央一再提出选拔人才,放手使用,使后继有人,事业兴旺,正是抓住了根本大事。然而也还有人不这样做,他们或是不注意选拔年轻人,或是不放手,事无巨细一手包办,这也管,那也管,整天忙,管不在点子上,越管得多,工作越无起色,损失越来越大。出了毛病,还口口声声以"辛辛苦苦的官僚主义","没有功劳也有苦劳"来解嘲。无所事事的官僚主义造成的祸害一眼能看清,"辛辛苦苦"的官僚主义容易得到原谅,在这种意义上后者的危害性更大。封建社会里,由于上下一整套官僚机构,甚至上面交下的好事(如赈灾),层层办下去,最后竟成了虐民的坏事。《老残游记》里不是揭露过这类"能员"与"清官"吗?

总之,用心也罢用力也罢,治国者不能不劳,而要劳在点子上,抓大事。求贤就是大事,贤才求得了还得放手使用。今天看来,一千一百年前杜黄裳所说的"劳于求人而逸于任人"九个字还值得我们好好去思索思索。

附:《韩非子·难二》:齐桓公之时,晋客至,有司请礼,桓公曰"告仲父"者三。而优笑曰:"易哉为君!一曰'仲父',二曰'仲父'。"桓公曰:"吾闻君人者劳于索人,佚于使人。吾得仲父已难矣,得仲父之后,何为不易乎哉!"

谈考试选拔人才

英国著名学者帕金森所写的《帕金森定律》(中文缩译本改名《官场病》)是一本十分有意思的书。它深刻揭露、着意刻画、无情嘲弄了英国的政治制度和官场的腐朽作风,读来教人捧腹不已,发笑之余又令人深思不尽。

书中"报考人名单(或曰录取的原则)"一节里,作者指出选拔人才的办法,至今并未完全弃之不用的"主要分为英国式的和中国式的两类",甚至说"这两类和其他今天时兴的办法相比,明显地更为优越"。中国读者读到这里急于要知道所谓中国式的到底是什么。作者在后面说:"中国方式(旧式的)曾经一度被许多国家广为仿效,但却很少有人知道它来自中国。"他接着把我国明朝乡试、会试的情况简要地作了介绍,结论是"实行这制度收效还不错"。原来作者指的是我国科举考试制度!我小时略懂事,就听到骂科举制,作者居然多少加以称道,对我而言难免要少见多怪。为此,我重新温习了我国教育史中学校制度和科举制度关系的部分。

我国古代学校制度粗分有三大阶段:秦以前的周朝造就人才、选拔人才通过官立学校,末期官学失修,私学兴起,形成文化灿烂百家争鸣局面;秦汉起逐步形成选拔人才通过选举制(察举征辟等),学校逐渐变成只是培养人才的工具;隋唐而后,科举制大兴,学校又慢慢成为科举的辅助,到明清学校有名无实,形同虚设,成了科举的附庸。

唐代科举考试制度大兴，虽说与朝廷广泛吸收地主阶级知识分子参与政权有关，但也有通过层层考试矫正以往选举不实（垄断、舞弊、走后门等）的一面。所谓科举，即是设立科目以考试举士。实行之后，新的流弊又不断产生，直到明清以八股取士，其流弊就举不胜举了。明末清初大思想家顾炎武在他的《日知录·程文》中写道："文章无定格，定一格而后为文，其文不足言矣。唐之取士以赋，而赋之末流最为冗滥；宋之取士以论策，而论策之弊亦复如之；明之取士以经义，而经义之不成文，又有甚于前代者。"句句击中要害。但若要对科举制弊病有一形象的认识，莫过于去读吴敬梓的名著《儒林外史》。教《范进中举》时，吴敬梓入木三分的刻画就引起了学生极大的兴趣。

《官场病》的作者还继续往下讲，他说："中国考试制度以强调文学修养为特点。考试内容包括了经典知识、写作能力，以及坚持把每场从头至尾考完的顽强作风。据说，经典著作的修养和文学水平，对任何行政工作都同等重要。"这里作者还是称赞一番。其实，中国科举制早成了历史陈迹，被送进历史博物馆了。

今天，科举制早已废除，但那种考试方法（主要是笔试）一直沿用下来。考试方法，历代有所改进。唐代省试考卷不糊名，一看就知是谁的卷子，容易作弊。宋朝定制一律糊名弥封，有所改进。但弥封了还能看出笔迹，于是又有誊录的办法。明清的乡试、会试等，应试人的考卷要送誊录所誊录。试士的卷子用墨写，叫作"墨卷"，誊录用朱笔，誊子叫作"朱卷"。试官所批阅的是看不出应考人笔迹的"朱卷"。尽管采取种种方法加以防范，弊端仍是层出不穷，封建统治者标榜的"衡文至公"不过是一句空话而已。

然而，若从历史发展来考察，毕竟规定考试作弊不合法，并以种种方法制止，这比之用人公开徇私开后门，不能不算是一个不小的进步。这也许是《官场病》作者认为它比今天时兴的办法"明显地更为进步"的一个缘故吧！看来，考试终不能废。虽说我们今天的考试制度与历史上的不一样，但并非尽善尽美不要改革了。相反，我们要结合实际，在其内容上、方法上不断改革、创新，使之能更好地为培养人才、选拔"四化"人才服务。

闲话皇帝

20年前读《我的前半生》,发现溥仪常丢失钱包很好笑,觉得此人实在太恍惚,总是丢三落四的。过后细思,也没什么奇怪的。过了多年帝王生活的末代皇帝,虽经改造自食其力,一时也不可能适应普通人的生活。近读溥仪夫人李淑贤同志的《溥仪与我》,其中"从头学起"一章开头就是这样的话:"由于溥仪过了几十年'衣来伸手,饭来张口'的帝王生活,严重缺乏独立生活的能力。"这一章中写了不少溥仪生活上可笑的事。的确,料理日常生活,溥仪还非得从头学起不可。人们离不开衣食住行,本文就想从这些方面闲话皇帝生活。

帝王总是把天下看成自己的私产,自古就有"普天之下,莫非王土"的说法。秦始皇是我国历史上第一个皇帝,他想一姓家天下,他身后二世、三世……以传之万世。秦虽二世而亡,但以后历朝皇帝都可说继承了秦始皇,代代往下传,一直传到末代皇帝溥仪。汉朝开国皇帝刘邦,一次在未央宫前殿大朝会诸侯群臣,得意地对父亲太上皇说:"始大人常以臣无赖,不能治产业,不如仲力。今某之业所就孰与仲多?"一句话,刘邦那时富有天下,产业之多老二是无法跟他比的。开国皇帝争天下,成了极富极贵者后,就不让别人照着样子去做了。相反,皇帝可以给人富贵,赐臣下田宅,给百官俸禄。官吏各有其私产,或多或少要治生;皇帝以天下为家,不用自己治生。普通人都要自己设法解决衣食住行,而皇帝则由国家解决,并且要有一定排场,显出皇帝的特殊身份。

《易大传》:"黄帝垂衣裳而天下治。"由此可见"治天下"就得有衣裳冠冕制度,历朝都有规定。以服色而言,隋以来皇帝服色用柘黄,宋以后皇帝专用黄袍。俞平伯在他一篇散文残稿《怪异的印象》中写过这样一段内容:"当他儿时,只要一想起所谓'皇帝',马上浮现出一个怪印象,就是一个穿黄的,而且是穿纯黄的人直挺挺地坐着,另外有几个人在他脚下匍匐着……最近寄人篱下的皇帝溥仪,尚有遗老之流天天去碰响头,足证儿时所见并非梦幻。"我想以往旧戏看得多的人,也会在自己眼前浮现出同样的怪印象。关于黄色,溥仪儿时记忆很有意思,"每当回想起自己的童年,我脑子里便浮起一层黄色:琉璃瓦顶是黄的,轿子是黄的,椅垫子是黄的,衣服帽子的里面、腰上系的带子、吃饭喝茶的瓷制碗碟、包盖稀饭锅子的棉套、裹书的包袱皮、窗帘、马缰……无一不是黄的。这种独家占有的所谓明黄色,从小把唯我独尊的自我意识埋进了我的心底,给了我与众不同的'天性'。"

皇帝吃饭也有一整套排场。溥仪说:"耗费人力物力财力讲排场,莫过于吃饭。"帝王吃饭,所谓食前方丈。隆裕太后每餐的菜肴有百样左右,要用六张桌子放。穷奢极侈,这里不用多说。关于衣食,溥仪说:"饭菜是大量地做而不吃,衣服则是大量地做而不穿。"《两般秋雨庵随笔·纨袴》说:"晋帝见歉岁民饥,谓左右曰:'何不食肉糜?'辽主见道上饿夫,谓左右曰:'何不食干腊?'千古庸暗,如出一辙。宋蔡京诸孙,生长膏粱,不知稼穑。一日,京戏问之曰:'汝曹日啖米,试问米从何出?'一人曰:'从臼子里出。'京大笑。又一人曰:'不然,我见从席子里出。'盖京师运米,以席囊盛之故也。纨袴不辨菽麦,往往如此。"皇帝无疑是超级纨袴,更不用说完全不知稼穑之艰难。溥仪说,如果不是老师在课本外谈些闲话,自己有能力看些闲书,"也不会知道大米原来是从地里长出来的"。

帝王宫殿气象威严,更非常人住屋可比。秦始皇阿房宫前殿"东西五百步,南北五十丈,上可坐万人,下可建五丈旗"。好大气派! 可惜这规模宏大的宫殿被项羽一把火烧光了。刘邦做了皇帝,萧何治未央宫,皇帝看到太壮丽,大怒。萧何赶忙说:"天子以四海为家,非壮丽无以重威。"刘邦听了又高兴起来。开国皇帝起自民间的,容或不太豪奢,如南朝宋武帝刘裕。到他孙子手里就大不一样了。他孙子刘骏做了皇帝,奢侈无度,大修宫殿,坏刘裕所居阴室,就在其处起玉烛殿,豪华非常。有一臣子借机会称颂他祖父刘裕俭素的品德。刘骏居然说:"田舍翁得此,已为过矣。"孙子认为祖父实在太寒碜了。现在我们还能看到壮丽的北京故宫,对帝王所居就有具体的印象了。几十年前,北京有一位名教授说过,走遍世界,所见宫殿称得上既壮大又富丽的,只有北京故宫,难怪番邦使臣走进天安门,小心翼翼来到太和殿,就不由得膝盖发软,扑通一下跪下去了!

　　开国皇帝多少有点社会经历,也多少知道一些社会情况。曾几何时,守居深宫的后代皇帝就与世隔绝了。皇帝有时也要出宫巡行,可是他的"行"与老百姓的"行"完全是两回事。皇帝巡行的排场可了不得。秦始皇多次巡游天下,宣扬威德,对国家的巩固统一起有益的作用。康熙皇帝六次南巡,一定程度上加强了满汉地主的政治结合。皇帝出巡大讲排场势必加重人民负担,乾隆皇帝南巡即如此。最突出的,人们一定会想到那个荒唐的隋炀帝。炀帝巡行江都,极度铺张,糜费国家财力十分惊人。《资治通鉴》卷一八〇有集中生动的描绘,简直是老百姓的大灾难! 此外,皇帝还有所谓"微行"。风流皇帝的微行,又给小说家增添不少资料。

　　由以上衣食住行数端即可知,从某一意义上讲,皇帝过的是"非人生活",这是指非一般普通人那样的生活。普通人要自己谋生,皇帝则一切靠人供养,并且还有帝王的大排场。明了这一切,就更能体会到把末代皇帝溥仪改造成自食其力者的重大意义。1961年周总理在《接见嵯峨浩、溥杰、溥仪等人的谈话》中说:"请大家想想,世界上有哪一个国家在推翻了封建制度、建立了共和国以后,以前的皇帝还能存在,还给以平等的地位?"《我的前半生》记录了溥仪的帝王经历和改造经过,这位被改造者独立生活后,屡次丢失钱包的事,只不过是他过去生活曲折地投下来的一点淡淡的影子,是一个小小的插曲,然而是十分有意思的插曲。

太极图

《人民日报》庆祝中华人民共和国成立35周年港澳专版中《在欣欣向荣的康庄大道上》一文结尾有:"我在香港遇到一些外国知名人士,谈起太极图,他们对我国古人的这一创造赞赏不止。"外国知名人士赞赏太极图大有人在,洵非虚语。

英国当代著名历史学家汤因比,20世纪早期写了12大卷研究世界历史的大书,有7 000页之多,其中关于中国文化部分就谈到太极图。1972年,汤因比取前书精华,编辑出版了一卷本的《历史研究》,是大开本,计576页,有插图500多幅。此书目录后、序言前,赫然在目的第一幅图像即是太极图。插图分彩色和单色。其彩色插图第七幅,即是福、禄、寿三星观看太极图的一幅中国画。此画旁之说明词为:"与之对照(按即与不断发展型的希腊文化对照),中国历史则是统一与分裂、治与乱、进与退相互循环型的。中国哲人以阴阳象征其螺旋运动,阳为动与行,阴则象征静与止。"汤因比对此给予很高评价后,接着说:"历史学家的任务就在于把希腊型与中国型两种文化之重要部分结合起来,创造一个能用之于文明历史的、有现实意义的类型。"本书也颇以运用阴与阳的学说来解释历史而见长。第88页插一幅藏于大英博物馆的五代北宋时大画家巨然的山水立轴,引清唐岱的话"高峰为主,众山拱之;阴阳两面分明"作解释。(按唐代论画书《绘事发微·丘壑》中原话为:"使主山来龙起伏,有环抱客山,朝揖相随,阴阳向背,俱各分明。")随后第

89页又一图,则是序言前之太极图正式以插图面目再次出现。其他地方,则阴阳之说在在有之。

众所周知,首创太极图说并绘太极图的是《爱莲说》一文作者著名哲学家濂溪周敦颐。太极图首绘一圆圈来象征宇宙实体;宇宙无边无际,但在太极图上只能成一圆圈。宇宙中一气充盈,分成阴阳两仪,图中乃有此两仪象。照濂溪意思:阴阳非对立为二,乃浑和为一,浑和一体中方有阴阳之对立;而对立又无先后之可求,只是此一体中一动一静,互为其根。阳动生阴,阴静生阳,浑和合一。濂溪以此太极图来描述解释宇宙与人道,自有其一番巧妙的地方。汤因比在该书《挑战与应答》一节中,多少应用了这个理论。他以歌德名著《浮士德》情节全过程来解释历史之发展,说:剧本开始时是"完全处于'阴'的状态",魔鬼梅菲斯托闯进上帝的天地时乃是"阳动",开始由"阴"进入"阳",由静止状态,进入动的状态。自此以后又可分为三步:第一步,由"阴"进入"阳";第二步又开始由"阳"进入"阴";而第三步则又是"阴"的状态,但此时阴之状态与开始时阴之状态已完全不同,他说"有如春与秋之不同"。汤因比在其《历史研究》一书结束时,还展望未来说:"一个变化简单的主题:从不谐和到谐和,或以中国词语来说,即从阳到阴。"汤因比的说法是不是濂溪本意很难说,但这位著名西方学者深受太极阴阳学说的影响则显然是事实。

濂溪太极图说阴阳在混合一体中对立,但并不说阴与阳就是一个东西。这使我想起了元代赵子昂的逸事。《尧山堂外纪》卷七十,子昂尝欲置妾,以小词调管夫人,夫人答云:"尔侬我侬,忒杀情多。情多处热似火。把一块泥,捻一个尔,塑一个我。将咱两个,一齐打破,用水调和。再捻一个尔,再塑一个我。我泥中有尔,尔泥中有我。我与尔生同一个衾,死同一个椁。"想得很出奇,施之文学虽有味,但其调和阴阳的妙想,恐与濂溪的思想有出入。

"如坐针毡"与"如坐春风"

我们常会从孩子们嘴里听到:"这是老师讲的。"这句话往往是孩子们用来说明自己的见解和行为无可非议的最有力的佐证。从这句简单的话语中,可以看到老师在孩子们的心目中形象是何等高大,语言是多么有权威,孩子们又是多么热爱和尊敬自己的老师!

学生热爱老师,这是老师进行教育、教学的极好条件。然而,即使如此,教学中也不一定就万事顺利,师生之间不会发生一点矛盾。即使经验很丰富的教师,他的课堂上有时也难免发生学生吵闹的事;新担任工作的年轻教师,由于缺乏经验,课堂上容易乱哄哄,有时甚至出现纪律难以维持的情况。面对这种现象,怎么办?是火冒三丈,大声训斥?还是冷静对待,妥善解决?显然,教育者应采取后一种态度。"乱",必有乱的原因;"吵闹",必有吵闹的缘由。教师要沉到学生当中去多听多看,摸清情况,细加分析,寻求有效的解决办法。若是课上得失之于深,或失之于浅,或寡淡无味,则一定要千方百计改进教学方法,努力把课上好——这对教师来说是最基本的要求。若出于学生一时调皮,事情容易解决;若背后还有其他原因,则须做更多的工作,才能逐步解决。

青少年学生在成长的过程中,学习、纪律等方面出现这样那样的缺点与问题是不足为怪的。正由于他们不懂,我们教师才要认真地教;正由于他们有不足之处,我们教师更要积极地、热情地引导。如果学生个个都那么完美无缺,还要我们教师干什么呢?对于教师来说,最重要的是善于经常对学生进行正面教育,引导他们树立革命理想,培养他们具有高尚的情操;要耐心地不厌其烦地讲道理,使他们明辨是非,知过改过,成为品德良好、学习努力、遵守纪律的好学生。

教师无论如何不可动辄采取严厉的惩罚手段,伤害学生的身心,压抑幼苗的健康成长。做作业、抄生字,本来是巩固学生学业的一种方法,把它用作惩治学生的手段,那就大谬不然了。如果罚学生抄作业10遍、20遍,抄生字1 000个、2 000个,其结果必然大大损伤学生学习的兴趣,弄得他们对功课望而生畏。至于揪耳朵、罚站等均是不文明的体罚行为,伤害学生幼小的心灵,这是不允许的。惩罚似乎可收一时平息事态之效,课堂内鸦雀无声了,表面上秩序良好,而实际上学生对这堂课感到度日如年,如坐针毡。"针毡无稳坐",还谈什么教学效果?

明朝中叶的王阳明曾经批评当时学校对不遵守纪律的学生采取"鞭挞绳缚,若待拘囚"的做法,说这样做弄得学生"视学舍如囹狱而不肯入,视师长如寇仇而不欲见";他反对如冰霜剥落草木那样摧残学生,使得"生意萧条,日就枯槁"。他认为这是当时学校的一大弊病。虽说这是封建社会的事,在我们社会主义社会里不可能发生,但也得警惕有些性质类似的现象,事先应努力避免。

然而,我们并不反对严格要求学生,并订出若干课堂规则,要求学生遵守。但订立课堂规则的目的不在于束缚学生的手脚,使之动弹不得,而是在教师循循善诱、晓之以理的教育下,提高学生尊师守纪的认识,培养他们学习的自觉性,以期课堂内生机盎然,学生学得生动活泼。

但是,教师只止于搞好课堂教学还是远远不够的。课上得生动至多只赢得学生的欢迎,若不是处处认真负责,严格要求学生,若不是满腔热情地关怀学生、爱护学生,那是得不到学生的衷心爱戴的。有的教师虽说课上得平常一点,但一心扑在学生身上,"勤能补拙",学生深受感动,对教师十分热爱。更为重要的是教师自己的品德,"言教不如身教",教师以身作则,最受学生敬爱。教师热爱教育事业,热爱学生,学生热爱老师,尊敬老师,师生感情深厚,融洽无间,到这种境地,在教师则眼前一片桃李花发,在学生则感到在教师身边无限温暖,"如坐春风"。这样的教学,有如"时雨春风,沾被卉木,莫不萌动发越,自然日长月化"。

"如坐针毡"与"如坐春风"虽仅两字之差,反映的却是迥然不同的教学方法。前者是一味"拘管"学生的必然结果,后者的美好境界是"化育"所致。然而更重要的是反映了教师修养的大不同。教师的修养往往直接地从对待学生的态度上反映出来。热爱学生是教师的美德,热爱学生就是热爱人类的未来。有了这样的认识和修养,就会把教育学生看作至高无上的乐事。教师言教之,身传之,雨露滋润,学生就能享受到"如坐春风"之乐。

夜读散记

教师的学习非常重要。语文教师要教好学生,自己锲而不舍地认真学习钻研是重要条件之一。学习得好,心里踏实,临阵不慌。唯其学得深入,教来才能浅出,能用精当的语言一下子教在点子上。

"铁中铮铮"

有些字词、成语，大家都这样用，其实本来是有些出入的。已约定俗成，教师就照一般的读法读，讲法讲，不必卖弄聪明，故作"解人"。如"滑稽"的"滑"字，古时候读 gǔ，今天大家都读 huá，就不必读 gǔ 了。又如"每况愈下"，本来在《庄子·知北游》中是"每下愈况"，意也有所不同。现在大家都把情况越来越坏，说成"每况愈下"，我们就不必加以纠正了。但是最好要知道有那么一回事。

"铁中铮铮"，今天是用来表达人物出色，其实走样很大。《后汉书·刘盆子传》记载了赤眉投降刘秀的事。樊崇等投降，刘秀问他们"得无悔降乎？"徐宣等叩头说："诚欢诚喜，无所恨也。"于是刘秀说："卿所谓铁中铮铮，庸中佼佼者也。"他是以"铁中铮铮"来比喻"庸中佼佼"的。所谓"庸中佼佼"，首先是把徐宣等人归之于庸众之群，不过他是庸人中之佼佼者而已。"铁中铮铮"意思可见是一样。古人把黄金看成是"美"金，把铁看成是"恶"金。如是，称人"铁中铮铮"，本意也不过是庸人中之佼佼者耳，其实是很不恭维的。

"阳春白雪"

"阳春白雪"今天常用来喻音乐乃指高级音乐,喻文学则为高深文学,喻艺术则为高超艺术。程度上跟原意有点不同。其实《阳春》《白雪》只是比较高级的歌曲。宋玉《对楚王问》:"客有歌于郢中者,其始曰《下里》《巴人》,国中属而和者数千人……其为《阳春》《白雪》,国中属而和者不过数十人;引商刻羽,杂以流徵,国中属而和者,不过数人而已。是其曲弥高,其和弥寡。"

由此可见,《阳春》《白雪》在楚国郢都不过是比较高级的歌曲,最高级的要达到"引商刻羽,杂以流徵"的水平。

"留得一钱看"

读一文学报纸,有杜甫诗意图一帧,画杜甫两指持一钱观看,旁有杜诗一句:"留得一钱看。"此图仿自陈老莲所绘"博古叶子"。陈老莲所绘的博古叶子即杜甫以二指持一钱观看状。此叶子上端横书"一文钱",右题"盏空者饮一杯"。诗句盖出自杜诗《空囊》:

翠柏苦犹食,明霞高可餐。
世人共鲁莽,吾道属艰难。
不爨井晨冻,无衣床夜寒。
囊空恐羞涩,留得一钱看。

陈老莲所画叶子为当时盛行的酒令牌子(叶子格),乃游戏的东西,其内容有一意相及即可附会,算不得错。而仿它画的杜甫诗意图,与诗的原意相违背了。王嗣奭《杜臆》云:看,乃看守的看。这就讲对了。按诗意出晋人:阮孚持一皂囊,游会稽。人问囊中何物?曰但有一钱看囊,恐其羞涩。故此处"看"音 kān,属此诗所用韵"十四寒"。

"仇寇"

京剧《李陵碑》第一场有句唱词为："惟恐那，潘仁美，记起前扣。"自谭鑫培以来都这样唱。近或有人不解"扣"字改成"仇"字，则为"记起前仇"。或认为是谭鑫培只为唱腔好听，乱改戏词。这恐怕是误会。"扣"字音不误，字恐为"寇"。《晏子春秋》："民闻公命，如逃寇仇。"《孟子·离娄》："君之视臣如土芥，则臣视君如寇仇。"又"……此之寇仇。寇仇，何服之有。"按"寇仇"亦可作"仇寇"，作仇敌解。至今江南吴语区仍有此口语，如宜兴、溧阳等地，民间说二人交恶为：两人结下仇寇。

"貂尾""方山"

诗文有一篇之"眼目",一经点出,就能对此文或此诗一眼看到底。有的诗眼目十分分明,如陶渊明的《止酒》,眼目是一"止"字。此诗不仅题目有一"止"字,诗的每一句都有一个"止"字,点明题意即停止饮酒。这种诗乃游戏之作。以文而言,陶渊明《五柳先生传》历来为人传诵,这篇文章的眼目是一"不"字。《管锥编》说得好:"陶潜《五柳先生传》。按'不'字为一篇眼目。'不知何许人也','亦不详其姓字','不慕荣利','不求甚解','家贫不能恒得','曾不吝情去留','不蔽风日','不戚戚于贫贱,不汲汲于富贵';重言积字,即示狷者之'有所不为'。"说得十分精彩,发前人之所未发。这种深入钻研直中要害的功夫值得学习。

近偶读章太炎诗文选,其中有《杂感二首》。第二首乃因八国联军进犯京津,慈禧太后携带光绪帝和一群王公大臣西逃有感而作。诗是:"谁教两犬竞呀呀,'貂尾''方山'总一家。恨少舞阳屠狗侣,扫除群吠在潼华。"章太炎的许多文章往往古奥难懂,但诗倒不难懂。这首诗的意思也明白,其眼目乃一"狗"字。第一句"两犬"点出"狗"。第四句"群吠"即指一群乱叫的"狗"。这些"狗"要谁来收拾他们呢?要有樊哙之流的人。樊哙少以屠狗为业,后跟随刘邦东征西讨,建立了功业,封为舞阳侯。章太炎当时就恨无如樊哙之流的屠狗好手,把这群西逃的"狗"斩尽杀绝。

这样,诗句与"狗"的关系,只剩下第二句中的"貂尾"和"方山"了。

其实,"貂尾""方山"也都隐喻"狗"。

"貂尾"比较容易解释。古时候,皇帝的近侍官员以貂尾作冠饰,任官太滥,貂尾不够用,竟有用狗尾代替的。《晋书·赵王伦传》载:"张林等诸党,皆登卿将并列大封,其余同谋者咸超阶越次,不可胜纪。至于奴卒厮役,亦加以爵位,每朝会貂蝉盈座。时人为之谚曰:'貂不足,狗尾续……'"由此有了一个"狗尾续貂"的典故。"貂尾""狗尾"者俱一丘之貉,这里也有将这群王公大臣都比成狗的意思。

"方山"似乎更费解了。其实也有来头。"方山"即指"方山冠"。方山冠是汉代祭宗庙的乐师所戴。形状与"文儒者"所戴的"进贤冠"相似。因此这里"方山"也是指这群逃亡的官员。古书上有狗戴方山冠的记载,这就要说到那个被霍光废掉帝位的昌邑王刘贺。汉昭帝死后无嗣,霍光迎立昌邑王贺做皇帝。这童昏之君淫乱荒唐出奇,强毅的霍光冒天下之大不韪把他废掉,又迎立汉武帝的曾孙刘询为帝,就是汉宣帝。刘贺做了皇帝又被废岂能没有兆头来渲染?《汉书·武五子传》中写到昌邑王贺有以下一事:"初贺在国时,数有怪,尝见白犬,高三尺,无头,其颈以下似人,而冠方山冠。"方山冠岂非也跟狗发生了联系!以"方山"喻狗,博学如章太炎是不会把它当作僻典的。

"老者安之"

最近在北京召开了全国老龄工作会议,中国老龄问题全国委员会名誉主任聂荣臻老帅给会议发了贺信,信中有这么一句:"我国是社会主义制度国家,中华民族历来有敬老、爱老、养老的传统美德,在老年人事业的发展上,我们理应对人类有较大的贡献。"这使我想起《论语·公冶长》"颜渊季路侍"章中"老者安之"这句话。

孔子叫颜渊、子路"各言尔志",子路、颜渊讲过各人的志向后,子路问孔子的志向,孔子答道:"老者安之,朋友信之,少者怀之。"1957年高中《文学》课本对这句话的注释是:"老年人,使他们安乐;朋友,使他们彼此信任;少年人,使他们得到关怀。"这个解释基本上是根据朱熹《四书集注》来的。《四书集注》说:"老者养之以安,朋友与之以信,少者怀之以恩。一说,安之,安我也;信之,信我也;怀之,怀我也。亦通。"可见课本注释是根据朱熹的前一说,其实后一说更不能忽视,因为这更合于孔子言自己志向的角度。故会通而解之,不妨兼及两方面,如解"老者安之",可否如此:"对待老年人要使他们安乐;不仅求我能安之,而要使老年人能安于我的孝敬。"

中华民族自古有敬老、爱老、养老的美德。古时养老之礼,《礼经》记载得很详细,《礼记·王制》云:"有虞氏养国老于上庠,养庶老于下庠。夏后氏养国老于东序,养庶老于西序。殷人养国老于右学,养庶老于左学。周人养国老于东胶,养庶老于虞庠。"由此可见古代教育机关亦有养老场所,养老有尊师重道意义,古籍记载,天子或诸侯每年视学时,都要举行隆重的养老典礼。

下面举一例说说"老者安之"。《孟子·梁惠王》:"谨庠序之教,申之以孝悌之义,斑白者不负戴于道路矣。"杨伯峻《孟子译注》翻译为:办好各级学校,反复地用孝顺父母、敬爱兄长的大道理来开导他们,那么须发花白的人(便会有人代劳),不致头顶着、背负着物件在路上行走了。再如《汉书·食货志》中,也提到"斑白不提挈",也解释为:"斑白者,谓发杂色也;不提挈者,所以优老人也。"可见人人敬老,老年人受之,也觉得心安理得。

有趣的是《汉书·地理志》讲各地风俗时,有这样一段记载:"濒洙泗之水,其民涉度,幼者扶老而代其任。俗既益薄,长者不自安,与幼少相让,故曰:鲁道衰,洙泗之间龂龂如也。"这是举例说明世风日下,鲁地本是周公所封,其民受圣人之教化,彬彬有礼,年轻人扶老年人涉水并帮他背东西,本习以为常,老年人也心安理得;现在不然了,老年人反而为此感到不自安,竟与年轻人客气、推来推去了。

"老者不自安,与幼者相让",说明已非"老者安之",老年人已不安于年轻人的孝敬了!

"参差十万人家"

北宋著名词人柳永有一首《望海潮》,写尽杭州的繁华。据说此词流播,后来金主亮闻之,"欣然起投鞭渡江之志",锐意南侵偏安的南宋。他密隐画工在使宋的使臣中,归来后命作画,画临安湖山,图己像于吴山绝顶,题诗其上:"万里车书一混同,江南岂有别疆封。提兵百万西湖侧,立马吴山第一峰。"南侵气焰十分嚣张。柳永一定想不到写了这首词自己会背上"黑锅"。

《望海潮》开头有这样几句:"东南形胜,三吴都会,钱塘自古繁华。烟柳画桥,风帘翠幕,参差十万人家。"这里"参差"应作何解?一般解释为"不齐"。如胡云翼《宋词选》中注:"这里用来形容房屋高低不齐。"《唐宋词一百首》注:"高下、大小不齐的样子(形容房屋的外形)。"也没有什么不对。

"参差"一词通常解释为:长短、高低、大小不齐。如《诗经·关雎》"参差荇菜",形容水荇菜长长短短不齐。也可指长短不齐竹管制成的乐器。如《九歌·湘君》"吹参差兮谁思"。后一种用法在后来诗词中已罕见,而前一种用法则非常多,意义衍绎孳乳,几乎用来描状山峦、屋宇、声、光、形、影,乃至人事、世态等各个方面,以致古人诗句中"参差"一词俯拾皆是。我们可以从爱国诗人陆游的诗里读到不少诗句,如:"参差苍桧映丹枫""翠崖红栈郁参差""鸡已参差唱""参差灯光茅檐晚,童稚相呼正候门"等。但最多的还是形状宫殿、楼阁、亭台、寺院等建筑，如"圣寺参差石桥外""垣屋参差绿树间""木落参差见寺楼""亭观参差见，阑干诘曲通"等。这个词似乎用来描状高大建筑高低不齐居多。据此，柳永"参差十万人家"解释成描绘钱塘城中房屋高低不齐，也不能说就是不对。

但细玩此句意思似乎着眼于"十万人家"之数。沈祖棻《宋词赏析》中解释此段说："而总以'参差'一句，就使人进一步体认到这个大都市物阜民康的面貌。"说得好。我们再探求"参差"的意义，则还可解释为：差不多，近似。白居易《长恨歌》"中有一人字太真，雪肤花貌参差是"，文学研究所编的《唐诗选》注为："'参差是'，仿佛就是。"有"差不多"的意思。如是我们是否可以把"参差十万人家"解为：钱塘城中大抵有十万来户人家？这样解释并非没有根据。吴自牧《梦粱录》卷十九塌房条曰："柳永咏钱塘'参差十万人家'，此元丰前语也。自高庙车驾由建康幸杭，驻跸几近二百余年，户口蕃息，近百万余家。"是从户数着眼的。

再往上溯到大约柳永那个时候，嘉祐二年，梅挚出守杭州，宋仁宗赐诗宠行，有"地有湖山美，东南第一州"之句，因作"有美堂"。两年后，欧阳修作《有美堂记》，其中有"独钱塘自五代时，知尊中国，效臣顺。及其亡也，顿首请命，不烦干戈。今其民幸富完安乐，又其俗习工巧，邑屋华丽，盖十余万家"之句。可能当时说到钱塘，大致都说有十万来家。把欧阳修的"盖十余万家"来解释柳永的"参差十万人家"是不是更好呢？

但是，我认为解诗词有时不必讲得很死，一定把人家尚有可取的说法说成一无是处也大可不必。我们可以尽量解得圆通一点。因此，我这样解这句词："参差"一词一般作"不齐"解，也往往用来形容宫殿屋宇高低不齐；此处似乎着重讲户数，以讲"大抵有十万来户"为更好。

关于《岳阳楼记》

范仲淹的《岳阳楼记》是千古传诵的名篇。作者登高望远,览物生情,进而抒发"先天下之忧而忧,后天下之乐而乐"的伟大抱负。文章立意高远,文笔华赡精拔,读来感人至深。备课时翻阅过一些资料,评论者几乎无不众口一词赞扬。然而当我读到作者友人尹师鲁对此文的评语,竟久久迷惑不解。

《后山居士诗话》载:"范文正公为《岳阳楼记》,用对语说时景,世以为奇,尹师鲁读之曰:'《传奇》体耳。'《传奇》,唐裴铏所著小说也。"把《岳阳楼记》与《传奇》拉在一起,似乎是怪论,少不得有人出来辩解一番。南宋时,陈振孙在其《直斋书录解题》中说道:"尹师鲁初见范文正《岳阳楼记》,曰'《传奇》体耳'。文体随时,理胜为贵,文正岂可与《传奇》同日而语哉?盖一时戏笑之谈耳。"振孙的话虽为范仲淹"抱不平",但无意中流露出那时对于《传奇》之类小说的鄙薄。但也有人认为尹师鲁并非"一时戏笑之谈",而是一本正经说的。清人刘熙载在《艺概·文概》中说:"范文正贬饶州,师鲁上书言仲淹臣之师友,愿得俱贬,其为国重贤如此。而于文正所为《岳阳楼记》,则曰《传奇》体耳,其不阿所好又如此。固宜能以古学振起当时也。"今天我们更无法弄清楚尹师鲁的话是"戏谈"还是"真谈"——也不必去猜测,倒是"《传奇》体耳"一句话值得推敲一番。

鲁迅在《中国小说史略》中以将近30页的篇幅写了唐代的传奇小

说,一开头就说:"小说亦如诗,至唐代而一变,虽尚不离于搜奇记逸,然叙述宛转,文辞华艳,与六朝之粗陈梗概者较,演进之迹甚明,而尤显者乃在是时则始有意为小说……故论者每訾其卑下,贬之曰'传奇',以别于韩柳辈之高文。顾世间则甚风行,文人往往有作,投谒时或用之行卷……"此处所指"行卷"的风气,在唐时颇为盛行,这与当时的考试制度有关。唐代科举考试试卷还不糊名,谁的卷子一看名字就知道。应礼部试举子为了使自己的名声早为社会所知,增加录取的可能性,常把自己的文学创作编写成为卷轴,在考试前投送有社会地位的人,以便他们向礼部主试的官员推荐,这就叫"行卷"。举子往往用传奇小说行卷,其原因何在呢?宋人赵彦卫在其《云麓漫钞》中有这样一段话:"唐之举人,先借当世显人,以姓名达主司。然后投献所业……如《幽怪录》《传奇》等皆是。盖此等文备众体,可见史才、诗笔、议论。"风气一开,创作者多,唐代传奇小说风行起来。作者既有意为之,就广搜奇闻轶事,叙事逞史才,刻意经营文心,文笔具诗情画意,感慨系之,议论风生,鞭辟入里——这种富于创造性的新文体能够吸引人打动人,当时起了敲门砖的作用。

　　尹师鲁所说"《传奇》体耳"是否即从此等文体着眼,我们不得而知,也不必妄加考证。但就"此等文备众体,可见史才、诗笔、议论"而言,则《岳阳楼记》叙事简而且赅,写景寄绵渺于藻绘,特别是议论之高标,确乎臻于最上乘的。

李广与程不识

　　李广与程不识都是西汉著名的大将,在抗击匈奴的战争中都有赫赫战功。可是两人带兵的路子大为不同。《史记·李将军列传》载:"程不识故与李广俱以边太守将军屯,及出击胡,而广行无部伍行陈,就善水草屯,舍止,人人自便,不击刁斗以自卫,莫府省约文书籍事,然亦远斥候,未尝遇害。程不识正部曲行伍营陈,击刀斗,士吏治军簿至明,军不得休息,然亦未尝遇害。"一个带兵"极简易",机动灵活,一个带兵部伍严整,都非常出色。

　　历来对于这两位名将带兵作风之优劣争论不休,这且不说。只想指出一点,这种争议不仅在带兵,竟用来论文。清人刘熙载在《艺概·文概》中说:"文之尚理法者,不大胜亦不大败;尚才气者,非大胜则大败。观汉程不识、李广,唐李勣、薛万彻之为将可见。"刘熙载的议论可应用到我们语文教学上来。不认真探索语文教学的"理法",一味尚才气,讲课期望灵感从天外飞来,这种课往往要失败。李广当别论,他毕竟是久经战阵、经验丰富的名将,带兵作战,能指挥若定,得心应手。但他那种"行无部伍行阵……人人自便"的办法,对轻举妄动的鲁莽将军是不足为训的。语文教学何尝不是这样?

　　以上道理运用到语文课,就是教师必须花很大的气力去探索语文教学的规律,讲理法,定规矩,以期最终做到在严格的规矩中随心所欲地施展自己创造性的才能。达到这种境界,借用章学诚的话来说,即:"李广入程不识之军,而旌旗壁垒一新焉!"

浅显说理小试

最近,在杂志上看到,有的语文教师把《在马克思墓前的讲话》课文中的一句长句列表分析,很受启发。这个句子实在太长,学生不易理清,这样做,有助于学生理解句式,弄清意思。语文课少不了要对句式进行分析。这就触发我又想起一个常谈到的问题:怎样把这种课文上成语文课,而不是上成政治理论课。

我也教过这一课,事先就觉得不容易教好,于是让学生预习,但他们不易理解。比如,他们读到"人们首先必须吃、喝、住、穿,然后才能从事政治、科学、艺术等等",竟片面理解为:原来人的一生,首先是吃吃喝喝。如何让学生正确理解呢?难道非要大讲其"生产力""生产关系",把课教成政治理论课?我应如何启发学生,使他们自己弄懂这基本原理?备课时我反复思考了这些问题,写下了关于这一句的课堂设计。

教师问:恩格斯所说:"人们首先必须吃、喝、住、穿",分明指的是人们首先必须生活,那么,其他动物要不要生活?

学生很容易回答:当然也要生活。

教师问:既然都要生活,两者求生有什么不同?我们常听说"人为万物之灵",到底"灵"在什么地方?(教师略加引导:动物求生是本能的;人的生活靠生产,生产要使用工具,是有意识有目的的)

学生答:人为万物之灵,最基本的一条就是"灵"在能有意识地使用工具进行生产。

教师:好!恩格斯在这句之后紧接着说的"直接的物质的生活资料的生产"就是这个意思。

没有大讲道理,费时不多,基本上达到启发学生自己解决问题的目的。看起来教师这样教很轻松,实际上课前动了不少脑筋。我从中又领悟到:教师一定要认真学习,深刻理解。惟其深入,才谈得上浅出,才能几下子就点到要害处,以引导学生独立解决问题。

附:近读刘心武《钟鼓楼》,作者竟文学地把历史唯物主义基本原理写进小说,只五百来字,深入浅出。有兴趣的可以读一读,在《当代》1984年第六期第212页。

爱查、爱读、爱翻

我们常说"查字典",听惯了容易形成一个观念,认为字典只供人查而已。诚然,字典主要是供人查用,但是一本好字典不仅使人爱查,还使人爱读、爱翻。学习中一发生问题立刻向它请教,查到后读下去感到津津有味,平日就爱翻。这样一本好字典便成了人们学习时不可须臾离开的好伴侣。上面所说的要求,对于编写一本小学生字典更为重要。

《小学生字典》,顾名思义主要是供小学生应用的。这样的字典,一定要使小读者爱查、爱读、爱翻。字典编得有用、有趣,他们就喜爱;反之不太有用、没趣,他们就不喜爱。试想有那么一本字典,小学生学习中发生了问题,一查再查查不到,或查起来很麻烦,即使查到了读下去又佶屈聱牙令人头痛,他们能不对之兴味索然,久而把它弃置一旁?我们的小学生字典一定要编得切实有用,使小学生爱不释手。达到这一要求,我想至少应注意到以下三点。

第一,收字、收词要精当。小学生字典不是大部头字典,收字、收词是有一定限度的,其范围要恰到好处。可否从三方面考虑:一是常用字,它们是久经研究实践定下的,小学生也应掌握;二是现在小学六年中各学科常碰到的字词;三是根据各学科近期发展需要适当扩大数量。做到收字、收词精当颇不容易,太少不够用不好,太多篇幅过大也不好。但两相比较,与其不够,不如略多。

第二,解释要正确、简明、有趣。一定要讲究科学性,故首先要正确;但又不能说得深奥繁复,要力求简明。做到简明不容易,只有知之深,才能三言两语说得明。编小字典不比编大字典容易,就释字、释词要简明而言,毋宁说反而难些。此外,还要吸引小学生爱看,那就要求有趣;但又不能为兴趣而兴趣,而是要寄有趣于知识之中。

第三,适当加些插图。有些字、词,内容说不清楚,插一幅图一看就明白了。再者,插点图可以增加小学生的兴趣。但是编选图幅,事先必深思熟虑选择精当。关于以上三点,我想以手边原本《现代英语双解词典》来举个例。

此词典第 534 页:

袋鼠　一种以强健后腿跳跃前进的澳洲动物。母袋鼠身有一口袋用以携带幼鼠。

此"袋鼠"一词右旁还有一幅前腿短、后腿长的袋鼠插图。没有见过袋鼠的读者看了解释基本上能懂,看了插图就更明白有趣了。

还有一点要提一提,小学生字典是供小学生经常携带身边查用的,一定要字大书小。一大、一小分明矛盾,解决矛盾的办法也就是选字、选词精当,解说简明,插图恰到好处。

的确,编这样一本字典不容易,但我相信经过向小学师生深入调查研究,专家精心设计编写,一本小学生爱查、爱读、爱翻的《小学生字典》不久一定会应时问世的。

附言:本文系应《辞书研究》之约而写,当时选"袋鼠"一词为例还有一个意思。袋鼠英文是 Kangaroo,其名称来历颇有趣。相传柯克船长发现澳大利亚时,水手们把一怪兽带到船上,但不知名称,于是下船问土著人。问过后上船说:"这是一只 Kangaroo。"从此这个名称就用起来了。多年后,人们到澳大利亚,才发现误会了。柯克的水手去问土人,彼此语言不通,土人反问"Kangaroo?"原来土人问的是:"你们说什么?"

字典的"魔力"

传说仓颉造字,弄得鬼神不安,竟至于"天雨粟,鬼夜哭"。这真不可思议,难道文字真的有那么大的魔力吗?回忆幼年得到一生第一本字典的情景,那时我幼小心灵的深处,确实领受到文字的"魔力",字典的"魔力"。

我刚进小学时,看到有的高年级学生,手里有一本小字典翻来翻去,真是羡慕极了。在我眼里,那本小字典是字的"汪洋大海",奥妙无穷。我多么热望有朝一日手里也有一本。可是,旧社会念书,买一本小字典也不容易。我一直盼到小学五年级,有一天,爸爸给我买了一本学生字典,当时我那高兴劲儿,确实无法以言语形容。自此,这本小小的字典,就成了我学习中不可须臾离开的好伴侣。

小时候写作文,总是力求写得漂亮,一篇文章用上许多美丽的形容词,头脑挖空了,就到字典里去找。这样又养成了从头到尾翻阅字典的习惯。我为的是找美丽、欢乐的字词,结果翻来翻去,发现字典里悲哀愁苦的字词反而居多。记得那时也曾做过小统计,具体字数早忘了,统计也不可能准确,但似乎"不好"的字眼更多些。于是心里一直翻腾着一个问题:这到底是什么道理?我喜欢"研究"古人、同学的名字,当然名字中大多数字是认识的,但也有一些如"骞""燮""奭""鼐"等类字需要查一查,一查,发现原来都是吉庆的字。上街,我喜欢观看招牌上的字,有些念得出的如"亨""豫"等字,也要查一下才能了解确切的意义,原来也都是好字眼。想了又想,我渐渐悟出道理来。人名、招牌的字反映人们良好的愿望,而字典中的一大部分字词,则是社会历史、社会现实的语言词汇的反映。(试看"十年动乱"中,"打倒""砸烂""千刀万剐"等字词,不是触目皆是吗?)以后离开小学,进入中学、大学,随着年龄和学识的增长,我又了解到我国字典中还有一些外来语,如"毛瑟枪""来复线""密丝""马丹""康伯度"等,这也有其社会历史原因。因此,现在我联想到编写辞书,其中一部分词语应考虑到正确反映社会历史、社会现实,古是古,今是今,不可含糊相杂,以今释古,以古喻今,造成意义上的混乱。解放后编写的辞书确是大大改进了,如新出的《辞海》一定程度上包容古今,而《现代汉语词典》则是着眼于现代的。

我们做小学生时,也因一字一词的音形义互相争辩。辩论时,除了借重老师的权威,说"老师如何如何说的"以外,更理直气壮的是说"字典上是这样说的";把字典打开给老师看,老师也会气馁起来,即使明知字典错、自己对,也会迟疑不决。其实,那时的字典错得不少;但铅印了,订成书,又名之曰"字典",在人们心目中就有"神圣不可侵犯"的威严,不敢碰了。今天人们也多是这样看待辞书的。这就使我们认识到,编写辞书一定要十分严肃认真,力求少出差错。

字典主要是供人查用的,教师要使学生养成多查字典的好习惯。即使老作家如姚雪垠也说:"我有常翻字典和词典的习惯,应该说是我的好习惯。往往觉得一个词的性质理解没有把握,或不很有把握,我就翻字典或词典,而且有时翻几种字典和词典。"这不仅给青年作家树立了好榜样,也给学校师生很大的启发,应该勤查字典、词典。但是字典是否仅供人翻翻查查呢?也不尽然。好字典可以读一读,研究研究。以前有人设想:假如一个人一旦流落荒岛,只准带很少几本书,该是哪些书?有人开列的书目中竟然有一本《简明牛津字典》(*The Concise Oxford Dictionary*),他认为这本小字典可以反复诵读。这是一本以英语解释英语字词的小字典,解释得简明、准确、生动,不像一般字典那么枯燥,读起来颇有趣味。我国东汉许慎的《说文解字》,长期以来受到人们的专门研究;研究《说文解字》成为一门重要的学问。在英国,约翰生独立编纂了第一部《英语词典》,此书反映了这位英国一代文豪的丰富学识,也是可以给人当书读的。因此,我又联想到我们编写的字典是否可以百尺竿头更进一步,来个锦上添花,编得更吸引人,让人读来兴味盎然。

今天,我早已不是学生,而是教书多年的语文老教师了。我的工作使我深深认识到,广大中小学师生是多么需要更好、更适用的学生字典。我们热烈希望辞书界及早编出引人入胜、读来爱不释手的学生字典。毫无疑问,这种更有"魔力"的字典不久就会问世的。

从记忆深处升起

让回忆的翅膀携着我飞回少年时代,回忆一下当年学习语文的情景。年华似逝水,几十年过去,不少事情已经模糊,有的还要搜索枯肠,但以下几件事历历在目,至今记忆犹新。

小时候我住的小屋里挂着一幅普通的山水画。这幅画清早看到,晚上看到,一天少说看到三四回,可是百看不厌。有时我会对它凝视很久,自己也仿佛进入画中,"徜徉于山水之间",甚得其乐。这就是入神。国文老师叫我们读书要入神,读书入了神,就会乐在其中。家里有一部《评注图像水浒传》,一打开,我就被每一回前面的插图吸引住了。梁山雄伟险峻,梁山泊烟波浩渺,水面上有无边无际的芦苇,山上有一排排大房子……这一切,在我幼小的心灵里好像就是家乡长江边焦山一带。那时候我读《水浒传》,不觉以焦山一带风景作为梁山泊背景。我好像目睹何涛、黄安率领官军在茫茫荡荡的水泊中走投无路,就像在焦山下芦苇水港中吃了大败仗。读来犹如身历其境,真是津津有味。以后年纪大起来,也曾重读《水浒传》,当然懂得的要比小时候多,但形象不如那时候那么逼真,不如以往入神了。今天人们告诉我,这是形象思维的作用。这方面我讲不清楚,但切实认识到生动的形象可以形成深刻的记忆。

教师讲课入情入理打动学生,也能在学生心上雕镂深刻的印象,从而拓展学生课外阅读的兴趣。记得小时候能背不少诗词,当时要背下来并不困难,虽说到今天忘记的居多数,但有的在记忆里似乎生了根,至今还能不假思索地脱口而出。今天细思一番,才知这些都是当时深深受到感动的作品。我们的国文老师教古文在课堂上是大声朗诵的。记得有一次教的是辛弃疾的词《南乡子·登京口北固亭有怀》,老师朗读时头与肩膀左右摇摆着,真是慷慨悲歌,我们的爱国主义情感油然而生。以后我每次登上满眼风光的北固楼,望着滚滚长江,回顾千古多少兴亡事,总是感慨万端。不用说,这首词至今背得滚瓜烂熟,并且自此爱读辛弃疾的词。也是在初中读书时,来了一位代课的国文老师,是年轻的新派人,他喜欢教白话文。有一次,教师教到田汉《南归》中的诗:"模糊的村庄已在面前,礼拜堂的塔尖高耸昂然。依稀是十年前的园柳,屋顶上寂寞地飘着炊烟。"教师朗诵(当然是新式的以国语朗诵)着,进入了角色,他自己被感动了,他那深深被感动的神情凝聚在眼睛里。这感情传染了整个教室,一室鸦雀无声,大家都被感动了。课后,我未花多少时间就把诗背出来。虽是几十年再未接触,但至今还能信口背出以上几句。此后,我对新文学更有兴趣,读了许多有名的中外小说,开阔了眼界,使我的心与时代更加贴近了。对于那两位国文老师,如今稍一回忆,就看到那充满感情的身子左右摇晃的神情和那一对深沉的眼睛。

我从小读《千家诗》,长辈只求能信口悠悠地背唱,懂不懂无所谓。如赵师秀的《有约》:"黄梅时节家家雨,青草池塘处处蛙。有约不来过夜半,闲敲棋子落灯花。"背是很容易的。问到为什么叫"黄梅雨",大人总说"梅子黄时雨",我也觉得懂了,不再深问。小学求学生涯十分艰苦,步行很远的路上学,天气不好,就要冒雨冲雪,特别是黄梅天,雨落得叫人心烦。有时心里问:"怎么雨落得那么多那么久?"于是又立刻自我解答:反正梅子黄时雨!说实在的,自己是老大不明白的。哪知国文老师讲这首诗时顺便简要地讲了梅雨的成因:梅子黄时的天气,冷暖空气在我们上空经久交锋,形成连日霖雨。比如:"你们家里煮饭,锅盖一开,热气碰到冷气,蒸气化水,不是直往下淋吗?"原来天底下还有那么大学问,我简直听入了迷。后来长大,每到黄梅时节,常会不自觉地吟诵这首诗。这样,在我的课外阅读的书籍中,除文艺作品,又加上了如自然科学名家法布尔等人写的趣味浓厚的通俗科学读物。

让我用当时国文教师的一句话结束本文吧!小时候读语文,学了教科书上的课文就算数了,可是老师常说:"你们光是念几篇课文是远远不够的,要在课外认认真真有计划地读一点好书;读的时候须动脑筋想一想,深入到书里去。"话虽平常,做到却不容易。我经过多年实践,越来越觉得受用不尽。往事依依,从记忆深处升起的学习生活中的一幕幕情景,倍觉亲切。

我与《千家诗》

童年时无知,不知艰辛,总爱把生活编织成美丽的花环。及今回忆,童年生活也确实富于情趣,充满幻想。说起来今天的青少年不易相信。将近半个世纪以前,哪像今天这样几乎家家有电视机,户户有收录机?那时收音机很少,留声机也不多,听唱片是一种特别享受,开留声机发条即使摇酸手也甘心。电影院很少,票价高,对孩童来说,看一场饱眼福也不容易……条件如此贫乏,生活岂能丰富多彩?那美丽的生活花环又怎样编织得起来?如今仔细回想一下,童年生活乐趣很大程度来自读书。书给我广阔天地,而其中编织我童年美丽的生活花环的竟有一本让人看不上眼的有光纸石印本《千家诗》。

我们祖国大地山河非常美丽,我家乡的山山水水也美丽非凡。一年之中,风光流转,阴晴雨晦,丽日蓝天,变幻的风云景致真是美不胜收。《千家诗》中很大部分的诗就是歌咏祖国风物,而且按春夏秋冬顺序编排,打开书往下念,四季风光就会依次展现在眼前。"万紫千红总是春""春城无处不飞花";"绿树阴浓夏日长""五月榴花照眼明";"青女素娥俱耐冷,月中霜里斗婵娟";"梅雪争春未肯降,骚人搁笔费评章"……冬天去了,春天又回来了。吟诵这些诗句,春花秋月,一年四季都沉醉在诗的意境里。

小时候最喜欢过年过节,《千家诗》中对重要节日如新年(我们现在称作"春节"了)、清明、七夕、中秋、冬至等无不有诗。一到清明,就想起杜牧"清明时节雨纷纷"诗句;一到中秋,不禁感慨地吟诵苏轼"此生此夜不长好,明月明年何处看";特别是新年吟诵王安石《元日》诗"爆竹声中一岁除,春风送暖入屠苏。千门万户瞳瞳日,总把新桃换旧符",心里有说不出的欢乐。《千家诗》中这些风俗诗大大增添了童年生活情趣。

熟读《千家诗》,能丰富幼小心灵的想象力。不说别的,只看诗句中丰富的颜色就给生活涂上了多么绚丽的色彩!"万紫千红""橙黄橘绿""黄鹂鸣翠柳""白鹭上青天",真叫人眼花缭乱,心旷神怡,小脑袋里常常浮现五彩纷呈的世界。那时总觉得诗比说话、散文多点什么,可又说不出所以然。只觉得一首诗尽管寥寥数字,但表达的内容丰富,能使人想得很多很多,能使人眼前仿佛出现一幅幅生动的图景。长大以后读欧阳修的《六一诗话》,方知好诗能"状难写之景,如在目前;含不尽之意,见于言外"。多读好诗,脑子不干枯,思绪常绵绵。人们皆知东西老化、硬化就不中用,对人来说,思想老化、硬化最可悲。我认为多读点诗能活跃思想,丰富想象,使脑子"软化"呢!

《千家诗》就是这样丰富了我童年的生活,如今一吟诵到其中诗句,就能唤起童年生活的回忆,那么动人,那么亲切。

可是,历来人们对《千家诗》的评价不高。我查了查《辞海》中"千家诗"这一词目,评论是:"选编庸陋,注解肤浅,时有谬说。"这也是实情,它比起目前出版的许多儿童诗选的确差得多。但奇怪的是新出的许多好的诗选似乎未曾像《千家诗》旧时对儿童那么起大作用。这不禁又使我联想起旧时对培养绘画起大作用的《芥子园画谱》,当今许多老一辈国画家都与它有深厚因缘。大画家潘天寿也有此经历,《潘天寿传略》中记载:"不久,又凑钱购得《芥子园画谱》一套,更是如获至宝,欣喜若狂……这本《芥子园画谱》成了学画唯一启蒙教师,并进一步激发了对绘画的热爱。"无疑,当今有许多比《芥子园画谱》编得好的国画教科书,似乎也未能像《芥子园画谱》旧时起那么大的作用。我从中想到:读诗也罢,学画也罢,即使条件大大改善,学习者如不一心一意陶醉其间,也未见得一定取得好成果。学习归根结底要靠自己。

我手头现在还剩有一册有光纸石印的《芥子园画谱》,当然印得很差。但每当我翻到它就会想起我原有的那本破旧的《千家诗》,可惜它在"十年动乱"中与其他许多书一道遭劫了。

阴霾过去,日月重光,祖国文化又开始繁荣。书店的书丰富起来,《千家诗》重新编印出版,不同的版本一种又一种,都比我那旧本不知精美多少。新编《千家诗》出一种,我就买一本,它们确实给我不少欢乐。尽管如此,我还是难以忘怀我那失去的泛黄破损的《千家诗》,是它,曾经编织过我童年生活的美丽花环!

忆昔童年乐事多[①]

人们在一生中可能去过许多地方,有不少地方也许会在记忆中消逝,可是故乡的一山一水一草一木永远难以忘怀。人们在一生中经历不少事,有许多事在脑子里不留丝毫痕迹,可是故乡生活中的一些琐事烙在脑海里,清晰得像昨天发生的一样。

镇江,我生长的地方,在她的怀抱里我受到了人生第一课的教育,迈开了人生的第一步。离开她时,我还是一个年少稚气的学生,年华似流水,而今已是年逾半百的老教师了。

几十年来,我时时想起故土的山河:那耸峙大江边的金山,那远望似白银盘里一青螺的焦山,水味醇厚的天下第一泉,极目北望扬州路的北固楼……这些山山水水,不时飞入我的梦怀,勾起我对故乡的无限眷念。

更有幸的是,我在教学工作中常常会接触可爱的家乡。王安石的《泊船瓜洲》中"春风又绿江南岸,明月何时照我还"的名句总在我胸中激荡,作者急于回到钟山的迫切心情又总牵动着我重返京口探望家乡的情思。特别是慷慨激昂的辛稼轩的词《南乡子·登京口北固亭有怀》,更是意境深远,把我带回到满眼风光的北固楼。作者曾在此向北眺望烽烟遍地的扬州一带,忧心如焚;在这首词里作者望着滚滚长江回

[①] 本文发表于《镇江市报》1982年3月7日。

顾千古多少兴亡事,对南宋小朝廷的不抵抗感慨万端。我带着爱国的深情讲述这首词,激发学生的爱国主义情怀,在他们心灵深处点燃起热爱祖国的火焰……我的故乡有那么多被诗人描绘歌颂的山川名胜,我怎能不怀念,怎能不为之骄傲呢?

我永远怀念故乡的父老,我的师长、同学、亲友。他们抚育我成长、教育我、激励我奋发向前。我的初等教育是受之于家乡的。那时我们的求学生涯十分艰苦,天未明就起身,带着中午充饥的极其简单的饭菜,由西门外步行到东门外上中学,不管风霜雨雪,天天如此。后来在七里甸镇江中学寄宿,虽无每天跋涉之劳,但早晚读书,靠的是一盏油灯照明。生活尽管苦一点,但学校里老师谆谆教导,同学间切磋琢磨,乐事不少。至今还有两件事历历在目。

曾经有人说过,人生最快意的事之一是用家乡音调引吭朗诵诗词。我们的家乡话其实是很悦耳的,抑扬顿挫,富于音乐性,尤其是读起诗词来具有歌曲的韵味。记得中学一位国文老师在课堂上大声朗诵李后主的《虞美人》,朗诵时头与肩膀左右摇摆,读得出神入化,音调十分感人,一室寂静无声,我们全班同学都深深感动了。最近教鲁迅的《从百草园到三味书屋》,作者描写了先生大声朗读"金叵罗,颠倒淋漓噫……"时"将头仰起,摇着,向后面拗过去,拗过去"的神情,讲述到这个有趣的情节,我的眼前就会浮现出我那位中学语文老师的形象,耳畔又会响起他那充满感情的声音。

同学之间开开玩笑,甚至恶作剧,也是常有的事。有一次上作文课,有个同学课前竟偷偷地把我的凳子搬走,我就只好站着写。那次是自由命题,于是我针对这件事大发议论。其实事属鸡虫得失,而那时,我竟不知哪里来的那么多意气,也不知哪里来的那么多文思,笔端汩汩滔滔,写下一篇类似《檄文》的东西。写好一看,觉得不妙!大概老师要责怪了。出乎意料的是老师大为欣赏,在文后批上一大段,至今还记得起这样几句:"……于生失座,成此佳什,遂使孟嘉落帽韵事不专于前矣!"我们的老师并不是那么"道貌岸然""神圣不可侵犯",相反,师生之间倒是相处得十分融洽。老师热爱教师工作、爱护学生的精神是我的典范。我热爱教师工作、喜爱青少年学生的启蒙者,是我家乡可敬可爱的老师。

怀着对故土、对青少年时期学习生活的眷念,不揣浅陋,写下了七绝三首:

故国山河梦里回,
临风北固古楼台;
望中滚滚长江水,
襟带金焦左右来。

忆昔童年乐事多,
聆听夫子发"哀"歌;
"一江春水东流去",
令我长思"金叵罗"。

草"檄"何曾两腿麻,
灌夫骂座笔生花;
鸡虫得失浑闲事,
赢取先生说孟嘉。

春秋战国的故事

开头的话

这本小书讲的是我国周朝春秋战国时期的故事。为了使读者读起来有个头绪,首先得对周朝的历史线索交代几句。

中国在周朝以前是商朝。商朝末年,在现在陕西的渭水流域的周族兴盛起来,成为西方的强国。大约在三千多年前,周武王灭了商,建立了周朝。

周武王虽然推翻了商朝,但是没有能把商王国吞并。周武王死后,国内掀起了大叛乱,经过武王的弟弟周公的东征,才把叛乱镇压下去,周的势力向东扩展到山东半岛。为了要统治这一片广大的领土,从武王时候起,就陆续建立了许多附属国。名义上,整个国家的土地都是属于周王的,周王是全国的最高统治者,称为天子;附属国的君主称作诸侯。

周朝开国的时候,国都建立在镐京①。公元前771年,西方的戎族攻陷了镐京,把周幽王杀死在骊山②下面。诸侯打退了戎族,立周幽王的儿子做天子,就是周平王。周平王怕戎族进攻,在公元前770年把国都东迁到洛邑③。

从周朝开国到东迁以前这三百多年,历史上叫作西周;东迁以后的

---

① 镐,音 hào。当时的镐京,在现在陕西长安的西面。
② 骊,音 lí。骊山在陕西临潼东南。
③ 洛邑就是现在河南的洛阳。

五百多年，历史上叫作东周。

东周又可分为两个时期：从公元前770年到公元前403年魏、赵、韩三国正式成为诸侯的期间叫作春秋时期①；公元前403年到公元前221年秦始皇统一中国的期间，由于有七大强国②互相激烈战争，当时人就称这七大强国为"战国"，这个时期后来就被称作战国时期。

西周时期，周王直接拥有约一千里见方的土地，积极地加以经营，因而农产丰富，经济力量比诸侯国雄厚，使得周王能保持住全国最高统治者的威权。西周灭亡，周平王东迁以后，周王在西部丧失了大片的领土，王权就慢慢衰落下来。

春秋战国时期，由于铁的发明，冶铁的技术不断改进，生产上逐渐普遍应用铁制的工具，生产力就大大地发展起来。随着生产力的提高，地方经济也有了发展，有些诸侯的力量逐渐强大，超过了周王。从此以后，周王就无力控制诸侯了，只不过是名义上的最高领袖而已。

强大的诸侯为了要扩充领土，不断向外掠夺，进行兼并的战争，于是形成春秋时期各大国之间争霸的局面。各大国不断吞并的结果，到了战国时期，主要只剩下七大强国。这七大强国在连年的战争中，又逐渐形成为一个统一的国家，这便是秦始皇统一中国的故事。这都是后话。

这里，故事先从春秋时期第一个称霸的国家谈起。

---

① 这一时期包括鲁国史书"春秋"所有年代，即从公元前722年到公元前481年，"春秋时期"的名称就是这样来的。
② 七大强国是齐、楚、燕、赵、韩、魏、秦。

齐桓公和管仲

春秋时期第一个称霸的国家是齐国,第一个霸主是齐桓公。

齐国在山东半岛上,南边以泰山山脉与鲁国接界。这一带是肥沃的大平原,农产很丰富;又因为靠近海,渔产和煮盐事业很发达。自然条件这么优越,再加上积极开发,齐国很快就强盛起来了。

公元前7世纪初①,齐国的国君是齐襄公。这位国君是个道地的昏君,荒淫暴虐,国内政治搞得一团糟。

齐襄公有两个弟弟:大的叫公子纠,管仲做他的师傅;小的叫公子小白,鲍叔牙做他的师傅。鲍叔牙是个有才干的人,看到国内这种混乱情形,知道不久一定会发生乱子,就领了公子小白跑到莒国②去,避免遭祸。事情果然不出鲍叔牙所料,——公元前686年,有个公孙无知设计杀死了齐襄公,自己做起国君来。动乱发生的时候,管仲急忙领着公子纠逃到鲁国去避难。

第二年春天,公孙无知又给人杀死了,这一下齐国大乱起来。两个逃亡在外的公子都赶紧想办法回齐国去,抢夺国君的位置。

公子纠的母亲是鲁国人。鲁君不怀好意,一直等候着机会,想扶立公子纠做齐国的国君;现在听到公孙无知被杀的消息,高兴极了,立刻

---

① 一世纪为100年,公元前7世纪初即公元前600多年。
② 莒,读 jǔ。莒国就是现在山东莒县。

派兵护送公子纠回齐国去。公子小白在莒国,莒国到齐国的路程近,鲁君怕公子小白先回到齐国,自己得不到好处,于是赶紧派管仲带兵截住莒国通往齐国的道路。

公子小白果然早得到公孙无知被杀的消息。原来公孙无知一死,齐国最强大的贵族国氏和高氏就立刻暗里派人去迎接公子小白回来做国君。

管仲带着一小队人马来到莒国和齐国的边境,在大路旁边埋伏下来。等了好久,忽听得前面车马喧哗,抬头一看,公子小白坐着车前来了。管仲等公子小白走近的时候,拿起箭来对准他的心窝射了过去。只听得"嗖"的一响,公子小白"啊呀"一声倒了下去。顿时,周围的人都乱哄哄地嚷叫起来。管仲眼看公子小白给射死了,目的已经达到,就派人到鲁国去报信。

鲁国护送公子纠的军队得到信息以后,以为没有人与公子纠争位了,就不慌不忙地走路,而且越走越慢。哪知到了齐国,大大出乎他们的意料:齐国已经有了国君了。新国君不是别人,正是公子小白。

这一来,可把他们气昏了。明明公子小白被射死了,怎么又活过来了呢?他们哪里知道管仲那一箭只射中了公子小白的带钩。公子小白灵机一动,怕放冷箭的人还要射过来,就故意装死倒下去,骗过了管仲。其实,就连当时随从的人,也真以为公子小白被人暗算,必死无疑。

公子小白做了国君,就是齐桓公。齐桓公立刻派兵抵御鲁国,打败了鲁国的军队,要求鲁国杀死公子纠,交出管仲来。

齐国强大,鲁国没有办法,只好捏着鼻子吃酸酒,把公子纠杀掉,把管仲囚起来。

鲍叔牙和管仲是非常要好的朋友。管仲究竟有多少才干,他知道得一清二楚。鲍叔牙在齐桓公面前竭力赞扬管仲的才能,劝齐桓公用管仲做宰相。齐桓公听了,很不高兴,说:"不行。他一心要射死我,我还能用他？"

鲍叔牙说："你不能计较这些,那时他是为了他的主人,不得已才这样做的。从那件事中,正可看出他的忠诚。再说,管仲的能力比我强得多,你要想干一番大事业,那就非用他做宰相不可！"

齐桓公最后听信了鲍叔牙的话,派鲍叔牙到鲁国去把管仲要回来,叫管仲做了宰相。

管仲做了齐国的宰相以后,就着手改革齐国的政治,干起称霸的大事业来了。

齐国国土广大,土地肥沃,管仲用兴修水利、开垦荒地等办法来发展农业生产。他废除公田制,规定按照土地的好坏来定赋税的轻重。齐国矿藏丰富,又因为靠近海,出产渔盐,管仲主张由国家来经营盐、铁事业：设立盐官煮盐,设立铁官制造农具,并且铸钱调剂物价。这些办法施行以后,很有成效,没有几年,齐国就成为当时最富强的国家了。

东周以来,周王的力量逐渐衰弱,越来越丧失号令诸侯的权力。诸侯国之间展开了激烈的相互吞并的战争。同时,四围的落后部族常常向中国侵犯,周王也没有力量来保护各诸侯国。不过,周王朝虽然已经十分贫弱,名义上还总算是个全国最高统治者。在这种情形下,管仲提出了"尊王攘夷"的口号,用尊重王权,团结中原的诸侯国抵抗落后部族的侵略作为号召,而齐国实际上做诸侯的领袖——"霸主",向外扩展势力。

齐桓公采用了管仲的主张,在"尊王"的名义下召集中原的诸侯开了十几次盟会,并且救援北方的几个国家,阻挡住落后部族南侵。这里单讲一讲他们是怎样阻挡南方的荆蛮族大国——楚国向中原扩展势力的。

荆蛮族在最富庶的汉水、长江一带建立了楚国。还在西周的时候,楚国就与周王朝对敌了。相传西周的昭王南巡时,就是被楚人害死在汉水里的。东周以后,楚国吞并了许多小国,成为当时土地最辽阔的强国,于是不断向北方进攻,首当其冲的就是郑国。

正当齐国忙着抵御落后部族入侵,救援北方国家的时候,楚国接连向郑国进攻,郑国抵挡不住,向齐国求救。

公元前656年春天,齐桓公和管仲率领了中原八个国的联军浩浩荡荡南征楚国。楚王从来没有看到过这样壮大的队伍,心里有点儿怕,就派使臣前去探听虚实。

楚国使臣见了齐桓公说道:"你们齐国在北方,我们楚国在南方,互相没有牵涉,不知道你们为什么带领大军到这里来!"

齐桓公还没回答,管仲就说:"齐国奉天子的命令可以征讨不服从的诸侯。你们楚国当初也是天子所封的,为什么好久不向天子进贡?我还要问你,当初周昭王南巡到底是怎么死的?"

使臣回答说:"多年没有进贡,的确是我们的不是。至于昭王怎么会淹死在汉水里,我们可不知道。那时楚国的国境还没到那儿。你们实在要问,就去问问汉水吧!"

那时,楚国的态度还很强硬,联军就继续进军。

管仲很慎重,处处考虑周到,不轻易冒险深入,联军到达陉①这个地方,就驻扎下来。楚国方面也很有心机,眼看联军声势浩大,不是一下子能够取胜的,于是也就坐观风色。这样,两军从春天一直相持到夏天。

日子飞一般过去了。楚王的军队虽然强大,可也不敢轻举妄动。楚王再三考虑,派遣屈完去向联军求和。

齐桓公和管仲本来就不想血山血海的真打仗,只想逞一逞威风,吓唬吓唬楚国人。如今见到楚国有很好的准备,正愁无法下台,却不料楚

---

① 陉,读 xíng,地名。在河南省。

王先派人来求和了。这个顺水人情乐得做,就装着将就答应了,并命令大军退到召陵①。

齐桓公一心想炫耀联军部队的强大,就邀屈完和他一同乘着战车去检阅军队。虽然烈日当空,天气闷热得使人喘不过气来,可是队伍的军容真好,个个精神饱满,身强力壮,操练起来生龙活虎似的。齐桓公指着军队,洋洋自得地对屈完说:"用这样的兵来打仗,哪个抵得住?用它来攻城,什么城攻不下?"

屈完沉静地回答:"你要是用恩德安抚诸侯,哪个敢不服?要是使用武力,那么楚国的城还坚实,又有汉水,你就算兵多吧,也不见得用得上!"

这一年,齐国和楚国就在召陵订立了一个盟约,就是历史上有名的"召陵之盟"。这次齐国领导中原诸侯共同对付楚国,虽然说不上获得胜利,但是使得楚国暂时不敢向北方扩展势力了。

齐国的霸业到"召陵之盟"就达到了顶点。此后十几年,管仲和齐桓公先后去世。管仲提出的"尊王攘夷"的口号,团结了诸侯阻止落后部族的侵犯,保卫了中原地区的安全。管仲死后一百年,孔子还赞美他说:"要是没有管仲,我们大概要披头散发,穿着野蛮族穿的衣服,化为野蛮人了!"

管仲和齐桓公死了以后,齐国大乱,楚国又开始向北发展势力,郑国无力抵抗,只得依附楚国。当时中原诸侯国失去了领导力量,宋国②的宋襄公就想继承齐桓公的霸业,做霸主。

做霸主也得有个由头。正好这时郑国依附楚国,于是宋襄公就借着这个由头率领军队讨伐郑国。楚国当然不会听凭他这样做,就出兵

---

① 在河南郾城。
② 那时的宋国在河南东部。

救郑国。

公元前638年冬,宋襄公的大军和楚国的救兵在泓水①相遇。

宋国的军队早就来到,摆好阵势了;楚国的军队刚赶来,正在忙着渡河。宋国的大司马②对宋襄公说:"他们人多,我们人少,趁他们渡河还没有渡完,迎头打过去,可以取胜。"

宋襄公摇摇头说:"不行!"

眼看着楚国的大军全部登陆了,但还没有来得及整好队,大司马又劝宋襄公趁楚军还没有摆好阵,赶紧打过去。宋襄公还是摇摇头说:"不行!"

等到楚军摆好阵,宋军才一板一眼地去进攻。

楚军可不像宋襄公那样讲"仁义",他们排山倒海似的冲了过来,杀得宋军大败,宋襄公的腿也受了伤。

大家气坏了,都怪宋襄公,说他不识时务,明知道自己人少,楚军人多、强悍,可偏还要摆起规矩来打仗,弄得自己惨败。谁知他反而说:"君子打仗,不能使受伤的人再受伤;不该把头发花白的人拿来当俘虏……怎么可以在人家还没有摆好阵势的时候就打起鼓来,向人家进攻呢?"

后来,宋襄公伤重死了。大概他到死还以为他在战场上连连摇头是摇得很对的呢!

宋襄公到底没有能阻挡住楚国人向北方进展。他的举动只不过是争霸战争史剧中的一段滑稽的插曲而已。

齐国的霸权衰落以后,中原就没有一个大国有能力团结诸侯来阻挡楚国。直到北方的晋国强盛起来,那漂流在外十九年,到六十多岁才即位的晋文公继齐桓公做了霸主,才展开了晋楚争霸的局面。

---

① 泓,音 hóng。在河南柘城北。
② 这是那时的一种官职名称。

晋楚争霸

晋国在山西汾河流域。公元前7世纪中,晋国的国君叫晋献公,吞并了许多小国,统一了汾河流域,并且把国土扩展到黄河以南,使晋国成为一个大国。

晋献公晚年宠爱美丽的妃子骊姬。骊姬生了个儿子叫作奚齐。骊姬想叫晋献公立她生的儿子奚齐做太子,就千方百计地想法害死太子申生。

有一次,骊姬把太子申生叫到面前,对他说:"国君最近梦见了你的生母齐姜,你赶快去祭祀她一下吧。"

太子申生很孝顺,就到老家去祭了,并且依照当时的规矩,把祭祀的肉带回来,送给晋献公吃。那天,正好献公出去打猎,骊姬就偷偷地把毒药放在祭肉里。献公回来正要吃的时候,骊姬装腔作势地说:"祭肉是远处来的,试试再吃吧……"

晋献公听了她的话,就把祭肉给狗吃;谁知狗吃了,一头撞在地上死了。晋献公大惊,又叫侍候的人吃了试试看;侍候的人吃了,也遭受到与狗同样的命运。于是骊姬大哭大闹着说:"这明明是太子想毒死您。多狠毒的人啊!"

太子知道祸事临头,赶忙逃走,最后没法子,只好自杀了。骊姬还不甘心,又诬说晋献公另外的两个儿子重耳和奚吾与太子同谋。吓得重耳、奚吾也逃走了。

重耳带着一批有才干的人到处漂泊,经过了好些国家,受到了不同的待遇:有的国君招待他,有的国君不欢迎他。

重耳到过宋国,宋襄公送了他二十套车马。后来他又到楚国,楚成王对他很好,招待他很周到。

有一次,楚成王在宴会上问重耳:"你将来要是回到了晋国,怎样报答我呢?"

重耳想了一想说:"楚国物产丰富,取不尽,用不完,我真想不出拿什么东西来报答您哩!"

楚成王说:"话虽这么说,可是你总得想法报答我呀!"

重耳笑了笑,答道:"要是托您的福,我将来回到晋国做国君,万一我们两国发生了战争,我一定退避三舍①;要是你还不答应,那么我少不得要与你周旋周旋。"

重耳最后到了秦国,借了秦国的兵力回到晋国,杀死了晋君,自己做了国君。这就是晋文公。重耳在外面漂泊了十九年,历尽千辛万苦,获得了不少人生经验,等到他回晋国做国君的时候,已经是六十多岁的人了。

晋文公和他共患难的文武大臣齐心协力整顿国政,晋国就富强起来,奠定了霸业的基础。本来被迫依附于楚国的宋国,看到晋国强盛起来,就背叛了楚国去投靠晋国。楚王大怒,派子玉率领军队攻打宋国。宋国派人向晋国求救。晋文公召集大臣商讨办法,决定先不忙着去解宋国的围,而是向依附于楚国的曹国和卫国进攻。

晋文公率领大军用迅雷不及掩耳的速度向曹国、卫国进攻,一下子占据了这两国的都城,捉住两国的国君。

楚成王听到晋国居然一下子打下了曹、卫两国,大惊,就命令子玉

---

① 古时候一舍是三十里,三舍是九十里;退避三舍就是退让九十里的意思。

从宋国撤退,说:"晋君在外面跑了十九年,什么苦都吃过,经验很丰富,我们跟他打,不一定能胜,还不如及早罢手。"

子玉只好听命,派人去向晋军讲和,说:"你们要是把曹、卫两国恢复,我们就解除对宋的围攻。"

晋文公与大臣们商量以后,玩了一个花招:一面派人去请求秦国和齐国出兵,一面把楚国的使臣扣押起来,私底下又答应恢复曹国、卫国,叫曹国、卫国宣告与楚国脱离关系。这一下可把子玉激怒了,他就干脆领兵向晋军进攻。

晋军不应战,只往后退避。将士们见到这种情形,都很奇怪地说:"我们晋国的国君在楚国的臣子面前退避,不是太屈辱了吗?"

晋国的一个大臣说:"当初我们国君在楚王面前曾经答应过,两国要是打仗,我们一定退避三舍来报答楚王的恩惠。话说了要算数,不可失信。要是我们退兵,他们也退兵,两国就讲和。要是我们往后退,他们还是步步进逼,理亏的就是他们了。他们理一亏,我们理直气壮,打起仗来我们就有利。"

晋国的军队接连后退了九十里,到了城濮①的地方才停下来。两军就在城濮展开了大战。一边是胸有成竹,准备得妥妥帖帖;一边是气头儿上,只管猛打。楚国哪能敌得过晋国?结果大败而归。

这就是春秋时期有名的"城濮之战",发生在公元前632年。这次战争奠定了晋国的霸业,晋文公继齐桓公成为中原的霸主。从此以后就展开了晋、楚八十多年时续时断的争霸战争。

公元前613年,楚国楚庄王即位。这位君王只知天天游戏作乐,三年来什么国家大事都没有管过。不管倒也罢了,他还下了一道命令:谁要是胆敢劝阻他游乐,就处死。

---

① 濮,读pú。城濮是当时卫国的地方,在现在的山东境内。

有一天,楚庄王正在宫里饮酒作乐,大臣伍举进来对他说:"我想请大王猜个谜:山上有只鸟,三年不飞也不叫。大王知道是什么鸟?"

楚庄王并不是个糊涂人,心里早有盘算,如今听了伍举问的话,就哈哈大笑说:"这只鸟可了不得,三年不飞,一飞冲天;三年不鸣,一鸣惊人。"

这以后,楚庄王就亲自管理起国家大事来。他用楚国有名的贤人孙叔敖做宰相,改革政治。楚国一天一天强大了起来,就打算跟晋国争霸。

公元前597年春天,楚庄王率领大军向归附晋国的郑国进攻。

楚军来势凶猛,一气攻到郑国的都城,足足围了十七天。郑国的城墙虽然很坚实,但是经不起楚军的猛攻猛打,结果城给打坏了。郑国人支持不住,全城的人都哭了起来,声动天地。这种惨状甚至于楚庄王也感动了,楚庄王就下令暂时撤兵。

郑国人竭尽全力把城修好,楚军又围攻上去,围了三个月,终于把城攻了下来。郑国的国君只好露出上身,牵着一头表示驯服的羊,向楚国投降。

同年夏天,晋国派军队救援郑国,在邲①的地方和楚军交起手来,这次晋国给打败了。

此后几十年中,晋国与楚国又打过两次大仗,得胜的都是晋国。此外,各国间的小战连年不断,人民生活非常痛苦,于是就有人起来提倡和平运动。

最有名的是公元前546年在宋国的都城商邱②开的息兵会,有十四个国家参加。在这次息兵会上,晋国作了很大的让步,让楚国做了盟主。这时候晋国内部开始酝酿着分裂,晋国逐渐衰落下来。

---

① 邲,读 bì。古地名,在今河南荥阳东北。
② 商邱就是现在河南商丘。

邲之战的前二年，陈国发生了夏征舒之乱。

夏征舒的母亲夏姬与陈国的国君以及另外两个贵族都有不正当的男女关系。有一天，他们三个人在夏姬家饮酒作乐，陈君指着夏征舒对那两个贵族说："征舒倒有点儿像你们两人。"

那两人也油腔滑调地笑着回答说："哪里？也有点儿像您国君呢？"

夏征舒是个血性汉子，怎么受得了这种侮辱，大怒，就把国君射死了。于是陈国大乱起来。

楚庄王率领军队到陈国去平乱，杀掉夏征舒，把夏姬带回楚国。

夏姬是个有名的美人儿，实在长得太美了，连楚庄王见了也舍不得杀她了。楚庄王想把她收在自己宫里，巫臣劝阻说："陈君就是因为她才丧失了命；陈国就是因为她才大乱的。这种人收留不得！"

楚庄王听信了巫臣的劝告。贵族子反见夏姬貌美，也想娶她，但也被巫臣劝阻了。原来巫臣自己打夏姬的念头，早先看见她的时候，就爱上了她。

楚庄王只好把夏姬赏给了一个叫襄老的人。

后来，襄老在邲之战中受伤死了，巫臣就趁此机会，想尽办法把夏姬安置到她的老家郑国，后来又借个机会带着夏姬投奔到晋国去。

贵族子反知道了这件事，非常愤恨，就联合别的贵族把巫臣的家族杀尽，把他的财产分掉。这一下做得未免太辣手了，巫臣把心一横，写信给他们说："我一定要弄得你们东奔西走，永远不得安宁。"

于是巫臣向晋君献联合吴国、攻击楚国的计策。

公元前584年，他自己带着一队战车到吴国，亲自教吴人车战的方法。吴军学会了车战以后，就能从淮南江北的陆地上向楚国进攻。从此楚国的东北边境就不得安宁了。

据说，吴国跟楚国有一年甚至打了七次仗，弄得楚军真的很难对付了。

伍子胥

巫臣到吴国去教车战以后大约五十年,又发生了楚国的伍子胥被迫逃奔吴国的事。事情是这样发生的:

楚平王的太子名叫建,平王叫伍奢和费无忌两人做太子建的师傅。伍奢是伍子胥的父亲,是个品德好的人,太子建非常亲信他;费无忌是卑鄙的小人,太子建很不喜欢他。费无忌怨恨太子建,怕他将来即位以后,自己得不到宠爱,就费尽心机想出种种办法来谋害他。

有一天,费无忌对楚平王说:"太子年龄已经不小,该给他娶门亲了。"

楚平王觉得费无忌的话不错,就派他上秦国去给太子建迎亲。

新娘子长得十分漂亮。费无忌就撺弄楚平王自己娶过来。楚平王听了,正合心意,就真的把太子建的媳妇据为己有,却另外再替太子娶一门亲。他哪里知道这是费无忌早安下的坏主意,准备一步步来谋害太子的呢!

费无忌处处迎合楚平王的心意,得到了他的宠爱,与太子建却结下了更深的怨恨。费无忌怕平王死后,太子建即位要杀他,就更加在平王面前挑拨离间,说太子建怎样怎样不好。楚平王心被说活动了,就派太子建到城父①去守边疆。不过费无忌还不罢休,还是日夜在楚平王面前

---

① 城父,在河南宝丰。

说太子建的坏话。他说："太子对娶亲的事怀恨在心,大王您可得留点儿心！听说太子在城父操练兵马,又跟诸侯联络,说不定是有作乱的意思呢！"

楚平王自己做了错事,非但不自责,反而听信费无忌的坏话,把伍奢召回来拷问。

伍奢说："大王已经做错了一件事,怎么还听信小人的坏话,疏远自己的骨肉呢？"

费无忌在旁装作大为吃惊的样子说："啊,果然是真的！大王还不赶快制止！眼看他们就要发动,要把你抓去了！"

楚平王大怒,不管青红皂白,就把伍奢扣押起来,并且派人去杀太子。派去的人故意把消息走漏,太子建知道大祸临头,赶忙逃到宋国去了。

费无忌心还不死,又对楚平王说："伍奢有两个儿子,伍尚和伍员(伍员就是伍子胥),都非常能干,要是不把他们杀掉,将来对楚国的危害很大,得赶紧想法把他们召唤来。"

楚平王认为费无忌的话很对,斩草要除根,免得后患,就派人对伍奢说："你要是能把你两个儿子叫来,我就赦免你的罪,让你活命；要是不叫来,你就非死不可！"

伍奢听了,胸有成竹地说："伍尚为人很厚道,他一定会来；伍员性格刚强,很有一番作为,他明知来是送死,哪里还肯来？"

楚平王一点也不考虑伍奢的话,还是照着自己的意思,派使者去召唤他们兄弟两人。事情果然如伍奢所说,伍尚一听到消息就要去,伍子胥可不答应,他说："楚王叫我们前去,绝不是真心要赦免父亲,而是怕我们逃走了产生后患。我们要是真的去,那就一定是与父亲同死。白白地去送命,有什么好处呢？我看还不如投奔到别国去,借兵报仇。"

伍尚说："我也明晓得我们去救不了父亲的性命,不过既然大王这样说,那就不能不去;还是我去送死,你设法报仇吧!"

伍尚真的跟着使者去了;伍子胥张弓布矢吓退了使者,自己逃了出去。

伍奢听到伍子胥逃走的消息,叹了口气说:"从此楚国君臣可不要想太平了。"

楚平王到底把伍奢、伍尚父子两人杀死了。

伍子胥逃出楚国,投奔到宋国太子建那儿去。不久宋国发生内乱,他又和太子建一道到了郑国。

太子建是个眼光短浅的人,只顾自己一时的利益,跟晋国人秘密勾结起来,准备在晋国进攻郑国的时候做内应。伍子胥劝谏也没用。纸哪里包得住火?这个阴谋很快就被发觉了。郑国人气极了,就杀死了太子建。伍子胥只得离开郑国,设法投奔到吴国去。

他一路上跋山涉水,白天黑夜地在荒山穷谷里奔波,忍饥饿,担惊恐,受尽了千辛万苦。

深秋,伍子胥来到昭关①,过了昭关就可以一直到吴国去了。可是,昭关把守得很是严紧,怎么过得去呢?伍子胥心里十分焦急,就悄悄地躲藏在昭关旁边的荒草丛莽里,不敢露面,打算第二天一清早趁大家都出关的时候混出去。

夜来了,萧瑟凄清的秋风越刮越冷。外面虽然冷,伍子胥的心里却急得火烧一般,好容易才熬到了天亮。

天刚蒙蒙亮,满面风霜的伍子胥来到了昭关口,想混出关去。不料仍然给守兵发觉了,他只得慌忙从小路逃走,拼命地向前奔去。

谁知前面是白茫茫的一片江水,除非插翅才能飞渡过去;后面追兵追得紧,只听得马蹄声、人声越来越近,越来越响,眼看无路可走,非死

---

① 昭关,山名。在现在安徽含山西北。

不可了。

正在这危急万分的当儿,忽见江上有一渔翁驾着一叶小船漂了过来。渔翁看到伍子胥那样惊慌失措,问明白实情以后,立刻把他渡过江去。

伍子胥总算死里逢生了。

过了江,伍子胥一再感谢渔翁的救命大恩,并且解下身上的宝剑,对渔翁说:"这把宝剑很贵重,值很多金子。现在我身边只有这点值钱的东西了,就把它送给你吧。"

渔翁笑笑说:"楚国下了命令:逮住伍子胥的,赏粮食五万石。还加封爵位。五万石粮食和爵位我都不要,难道还贪图你这把宝剑吗?"说着,就摇船顺流而去。

伍子胥终于逃到了吴国。

这时候,吴国的国王叫作僚,用公子光做大将。伍子胥通过公子光的介绍,见到了吴王僚。伍子胥想劝吴王僚去攻打楚国,替自己报仇,可是一直找不到机会。

有一次,他趁吴国和楚国边界上发生冲突的时候,在吴王僚面前一再陈说攻打楚国的好处,劝吴王僚攻打楚国。哪知道公子光竟出面阻挡说:"伍子胥的父兄是给楚王杀死的,他劝大王攻打楚国,只是为了替他自己报私仇而已,大王要三思。"

吴王僚听了公子光的话,没有去攻打楚国。

伍子胥心里思索,公子光说这样的话一定是别有用心,于是私底下去打探原因。最后,弄明白了,原来公子光想杀掉吴王僚,自己做国王。伍子胥弄清楚内情以后,就决定先设法帮助公子光夺取王位,再利用公子光的力量来替自己报仇。他把自己结识的一个勇士专诸介绍给公子光,自己却躲到乡下去种田。

公元前516年,楚平王死了,太子即位,就是楚昭王。吴王僚趁楚国有丧事的时候,出兵攻打楚国。楚国派大军截住了吴军的后路,吴国内部空虚了。公子光就趁这个时机,跟专诸定下计策来刺杀吴王僚。

一天,公子光预先在自己家里埋伏了兵士,亲自请国王前来宴会。吴王僚素来小心谨慎,怕有人行刺,防备得非常严密,从王宫到公子光的府里,沿路派兵防卫,连公子光府内从大门到宴会的厅堂都用自己的亲兵守卫。上菜的人必须在门口脱光衣服,换上专门准备好的衣服才准进客厅。

宴会中,公子光假说自己脚痛,躲到后面去了。

这时,有一个上菜的人献上了大盘的鱼。这人走到吴王僚身边,突然从鱼肚子里抽出一把亮晃晃的锋利无比的短剑,对准吴王僚刺了过去。吴王僚尽管防备得严密,可还是逃不出别人的暗算。顿时,国王的卫兵拥了上来,乱刀齐下,把上菜的人砍死了。原来那上菜的人,就是伍子胥荐给公子光的勇士专诸。

专诸就这样在别人的争权夺利中白送了性命。

公子光率领了伏兵把国王的卫兵杀散,占领王宫,自己做起国王来,这就是吴王阖闾①。

当时楚国内政仍旧很混乱,费无忌为了自己能横行霸道,又设计杀死了大臣郤宛一族的人,只有郤宛的一个儿子伯嚭②逃到了吴国。

吴王阖闾重用伍子胥和伯嚭,趁着楚国内政腐败,在公元前506年发动大军向楚国大举进攻,五战五胜。楚军节节败退,吴军攻进了楚国都城郢③,吓得楚昭王匆匆忙忙逃奔到随国。④

据说,那时楚平王已经死了好久了,可是伍子胥为了泄恨,挖出他

---

① 阖,读 hé;闾,读 lǘ。
② 嚭,读 pǐ。
③ 郢,读 yǐng。在湖北江陵。
④ 随国在现在湖北随州。

的尸体，狠狠地打了三百鞭子。

当初，伍子胥和申包胥是好朋友。伍子胥逃亡的时候曾对申包胥说："我一定要把楚国灭掉。"

申包胥说："事情不能做得过分，你要是真的灭掉楚国，我就一定要把它恢复过来。"

眼看楚国快要灭亡了，申包胥赶紧跑到秦国去求救兵，挽救楚国。

秦君一时拿不定主意，没有立刻答应，派人对申包胥说："我已经晓得了你的意思，等我考虑考虑再告诉你，请你先到客馆里去休息休息吧！"

申包胥不肯去，对那人说："我们大王现在流落在外，不得安身，我怎么能贪图舒适呢？"

于是，他就靠在宫廷外的墙上痛哭起来，白天黑夜地哭，一口水也不喝，一连哭了七天七夜。申包胥这种爱祖国的热忱终于感动了秦君。

秦国派了五百辆兵车援助楚国，与楚国残余的军队联合起来对吴军作战，打败了吴军。正在这时候，吴国发生了内乱，阖闾只得退兵回国去平定乱事。

自晋国派巫臣到吴国教车战以来，吴国越来越强大，变成了楚国的劲敌。楚国也采取同样的办法，派文种和范蠡①到吴国南方的越国去，帮助越国向吴国进攻。

---

① 蠡，读lí。

卧薪尝胆

越国得到楚国的帮助,开始强盛起来。吴国向楚国进攻的时候,越国就乘机攻打吴国。越国和吴国常常互相攻战,结成怨仇。

公元前496年,吴王阖闾带兵攻打越国,越王勾践出兵抵抗,两军在樵李①大战。越军勇猛,吴军抵挡不住,大败。吴王阖闾受了重伤。临死前,吴王阖闾对太子说:"你可别忘了越国啊!"

太子即位,就是吴王夫差。吴王夫差发誓要为父亲报仇,叫人经常提醒他报仇的事。他在宫里进出的时候,就有人问他:"夫差,你忘记越王杀死你父亲了吗?"

夫差斩钉截铁地回答:"我永远也不敢忘记!"

吴王夫差一心要报仇雪耻,就用伯嚭做太宰②,操练兵马。他即位后的第三年,带着全国的精兵,狠狠地去攻打越国,在夫椒③的地方把越国的军队打得落花流水。

越王勾践只得收拾残兵败将五千人退守会稽④。夫差哪里肯放松,又紧紧追到那里,把他们包围起来。

---

① 樵,读 zuì。樵李在今浙江嘉兴西南。
② 太宰是当时的官名,相当于宰相。
③ 夫椒是太湖中两座小山的山名,夫山即现在的拖山,椒山据说是今天的马山。也有一说以为夫椒二山即今天的洞庭东、西山。
④ 会稽就是现在浙江绍兴。

形势危急万分,勾践急得像热锅上的蚂蚁一样,乱撞乱钻。他和范蠡商议来、商议去,最后决定派遣文种前去求和。

文种跪在夫差面前苦苦哀求,说越王甘愿做吴王的臣子,请求吴王答应求和。夫差原想答应,可是伍子胥反对说:"勾践实在没有办法才来投降的。我看他这个人吃得苦,耐得住性子,不是没有才干的人,一有机会,他准要报仇。不如趁机一口气儿把越国灭掉!"

夫差觉得伍子胥的话有道理,就没有答应。

文种回去把求和没有成功的经过情形告诉了越王勾践。勾践想这一下完蛋了,总怪当初自己没有好好防备吴国,现在只得杀掉妻子,烧毁珍宝,跟吴国决一死战再说。文种认为求和还没有完全绝望,他说:"吴国的太宰伯嚭是个贪图财货的小人,我们可以设法拉拢他,送他一些东西,请他帮忙求和,他准能答应。"

于是勾践派文种带着如花似玉的美女和珍珠宝贝去贿赂伯嚭。

伯嚭的确是个贪得无厌的家伙,见钱眼开,把国家早丢到脑勺后头去了。他欢欢喜喜地收下了财宝,带着文种去见夫差,替越国求情。

文种见了夫差,跪下来说:"请大王饶恕了勾践的罪过,答应他求和吧!这样,越国所有的财富都是大王的了。要是大王不肯赦免勾践的罪,那么他就要杀掉妻子,焚毁所有财宝,带着五千人拼死打一仗。仗虽然不能打胜,但大王也不免要受到相当大的损失啊!"

伯嚭站在旁边,趁机帮腔说:"勾践既然情愿投降做臣子,大王就赦免他的罪吧,这样对吴国有利。"

夫差给他们的花言巧语迷惑住,又要答应了,伍子胥赶紧阻止说:"勾践和文种、范蠡都是很能干的人,把他们放回去了一定会危害吴国;现在不把越国灭掉,将来一定要后悔的。大王要再思再想!"

夫差这次可没有听伍子胥的劝告,答应了越国的求和,把军队撤回吴国去了。

越国投降以后,勾践把国家大事重托给文种等人管理,自己远离祖国,凄凄惨惨地带着妻子和范蠡到吴国去,给吴王夫差当奴仆。

夫差叫他们夫妻两人住在阖闾坟墓旁边的石屋子里,叫勾践喂马。夫差坐车子出去的时候,就叫勾践拉马。

三年来,吃了数不尽的苦,受到难以形容的羞辱,熬过酷热的夏天,又挨过严寒的冬季,日子过得真慢啊,像蜗牛爬似的,一天又一天。这些悲惨的日子在勾践的脑海里留下了深刻的、永不磨灭的烙印。耻辱总得雪刷,勾践心中复仇的火焰越燃越厉害了,可是,他忍耐着性儿,不动声色,在夫差面前总是装得很忠顺,伺候得很小心,毫无怨言。

同时,文种暗地里又进行工作,常常派人送礼物给伯嚭,要伯嚭在夫差面前不断给勾践说情。

夫差终于把勾践放回去了。

勾践回国以后,一心一意准备报仇。他怕安逸的生活会把自己的志气消磨掉,就给自己安排了一个刻苦的环境。晚上睡在柴草堆上,屋里吊着一只苦胆,起身、睡觉、吃饭之前都要尝一尝胆的苦味,时时提醒自己不能忘掉当年受屈辱的情景,不能忘掉仇恨。

他看到越国自从战败亡国以来,人口大大减少了,于是就奖励生育:命令壮年人不准娶老妻,老年人不准娶少妇;女子十七岁不出嫁,男子二十岁不娶亲,父母就有罪。他又叫文种管理政事,叫范蠡积极训练军队。

由于他自己尝到了困苦的滋味,所以能同情穷苦的人,救济他们;自己毫不贪图安乐,亲自耕作,妻子亲自纺织,与老百姓同甘苦。这样全国上下齐心一气,越国很快富强起来。

越王勾践一面整顿国政,奖励生育,训练军队;一面仍然向吴王夫差献殷勤,表示忠顺,时常派人到吴国进贡。夫差准备造姑苏台,勾践就叫人采伐了又长又大的木材进献给夫差,后来又挑选了绝世的美人西施献给夫差。

吴王夫差自从把越国收为属国,又看到勾践如此恭顺,以为没有后顾之忧了,就一心一意到中原去争霸。

他为了运兵运粮去攻打北方的齐国、鲁国,就开了一条运河,把长江、淮河贯通起来,这样耗损了不少人力财力,人民心里十分怨恨。

伍子胥把勾践这个人看得清清楚楚,知道勾践是不肯甘休的。吴王夫差要出兵攻伐齐国,伍子胥劝谏说:"齐国对我们吴国来说,只是皮肤上的小疮而已,越国才是心腹大患;请大王暂时不要攻打齐国,还是对付越国要紧!"

夫差不听,仍然出兵攻打齐国,居然打了胜仗。这一来,夫差以后就更加不听伍子胥的话了。

后来,吴王夫差又要攻伐齐国。勾践为了消除夫差的猜疑,一面假意派兵助战,一面又送一份厚厚的礼物给伯嚭。伯嚭经常得到勾践的贿赂,就不断在吴王面前说勾践的好话,说伍子胥的坏话。

因此,伍子胥屡次劝吴王夫差防备越国,夫差不仅毫不在意,反而听信了伯嚭的挑拨,觉得这个老家伙实在讨厌,就派人送了一把宝剑给伍子胥,叫他自杀。

伍子胥接到宝剑,仰天叹息着说:"我这一片忠心,大王总有一天会明白的。就怕那时明白,已经太晚了。"

他又对别人说:"我死了以后,你们把我的眼睛剜下来挂在国都的东门上面,我要亲眼看着越兵来把吴国灭掉!"说着,就自刎了。

吴王夫差两次打败齐国,公元前482年就在黄池①大会各国诸侯,打算跟晋国争做霸主。

吴国的精兵都给吴王夫差带走了,国内留下的只有太子率领的老弱残兵。越王勾践见机会来了,趁吴国空虚,带领大军打了过来。那些

---

① 黄池在今河南封丘西南。

老弱残兵怎经得起养精蓄锐多年的越兵来打？一下子都像秋风里的落叶一样，被扫得一干二净，太子也丧了命。吴国人心大乱，立刻派人送信给吴王夫差告急。

夫差正忙着跟晋国争做盟主，一听到这个消息，很是惊慌。他虽然把这个消息隐瞒起来，可是晋国人看到他神色慌张，知道他国内一定出了事，就坚决不肯让吴国做盟主。双方一直争到天黑，夫差心虚，没奈何，只得把盟主的地位让给晋国，匆匆忙忙带着兵回到吴国去。

归途上，夫差的军队听说自己家乡给越兵占据了，心里急得慌，军心涣散，一下子就被越国军队打垮了。这次轮到夫差去向勾践求和了。

勾践看到吴国这时还有一定的实力，不能一下子把吴国灭掉，就答应了。

从此以后，吴国屡次与越国战争都被打败，衰落了下来。公元前473年，越王勾践率领全国大军向吴国进攻，把吴国军队打得一败涂地，把吴王夫差围困了起来。

夫差无法可想，只得又派人向勾践求和。勾践可狠着呢，他坚决不答应。夫差悔恨自己当年不听伍子胥的忠告，落得这样悲惨的下场，就自杀了。吴国也就此灭亡了。

越王勾践灭掉吴国以后，就北进到徐州①，大会各国诸侯，做起霸主来。

越国灭吴国以后七十年，晋国正式分裂为魏、赵、韩三个国家，那就是战国时期的开始。

---

① 当时这个徐州在今山东滕州。

三家分晋

春秋时期有一百四十多个诸侯国互相吞并。大国吞大国,大国吞小国,小国吞小国,到了春秋末期只剩了一二十个国家了。这些国家中只有晋、楚、齐、秦、越是大国,其余都是比较小的国家。

这时,中原晋、齐等诸侯国,由于国君生活奢侈腐化,对人民残酷剥削,人民纷纷起来反抗,国君的势力逐渐衰弱下去了。国君下面的卿大夫推行比较好的政治,收买人心,得到人民的拥护,慢慢地强大起来。他们把持国家的大权,有的最后甚至自己做起诸侯来。

把持晋国大权的是所谓"六卿"。"六卿"就是范氏、中行氏、智氏、魏氏、赵氏、韩氏。六家钩心斗角,互相火并,因此晋国内乱不断。后来范氏和中行氏给打垮,被赶出了晋国,两家的土地也给其余的四家瓜分了;晋国的大权就落在智伯、魏桓子、赵襄子、韩康子四家手里。

四家中势力顶大的要数智伯。智伯是个很傲慢的人,为了自己痛快,老是去欺侮别人。有一次他在宴会上戏弄韩康子,侮辱韩康子的手下人,弄得人家非常难堪。这件事传开去了,有人劝智伯说:"你这样开人家的玩笑,侮辱人家,人家定会恨你,以后跟你找麻烦就坏事了!"

智伯不仅不听劝告,反而冷笑说:"哼!找麻烦只有我的份儿;我不跟人家找麻烦就算好了,谁还敢来找我的麻烦!"

智伯野心勃勃,要扩大自己的领地,强迫魏、赵、韩三家每家都割一大片土地给他。他派人向韩康子要地,韩康子本来想不答应的,但是手下人却劝他说:"智伯这个人你是知道的,爱占便宜,性情又暴躁,要是我们不给他,他一定借口来攻打我们,还不如给他算了。他得了便宜以后,仍旧不会满足,必定又会向别家要地,要是别家不给他,他准带兵去攻打,那时我们再见机行事好了!"

韩康子觉得话很对,就如数交出了一片土地来。

智伯得了土地,很高兴,以为自己真了不起,别人都怕他,就又得寸进尺地派人向魏桓子要地。

魏桓子不肯给,手下人问为什么不肯给,魏桓子说:"无缘无故要地,当然不给!"

手下人劝魏桓子说:"不能这样。智伯无缘无故要地,蛮横无理,人家一定惧怕他。我们要是交出土地,智伯以为我们也怕他,就会更加骄傲起来,一骄傲就会轻敌。同时大家因为怕他,势必会联合起来;大家联合起来对付轻敌的人,我看智家的命运就不会长久了。我们现在还不如割给他土地,将来有机会跟人家联合起来对付他。"

话说得有道理,于是魏桓子也如数交出了一大片土地。

这一来,智伯越发不把别人放在眼里,更得意忘形了。他又派人问赵襄子要地。赵襄子气呼呼地说:"土地是我祖上千辛万苦置下的产业,我怎能平白无故去送人?"

智伯已经是个骄横透顶的人,见赵襄子不肯割地,大怒,亲自带领大军,并胁迫魏、韩两家出兵,一齐向赵家进攻。

赵襄子听说智伯率领了三家军队打来,知道寡不敌众,就带领军队退守晋阳[①]。三家的军队紧跟着追上来,把晋阳城团团围住。这一围就围了一年多,弄得城里的人吃不饱、睡不好,个个面黄肌瘦。可是他们没有气馁,大伙儿一心一意奋勇抗战,联军虽日夜进攻,城还是攻不下来。

---

① 晋阳就在今山西太原。

智伯看到晋阳城这么坚实,知道硬攻攻不破,就想出个恶毒的办法来:命令兵士筑堤坝,把晋阳城边的晋水积蓄起来,灌到晋阳城里去。

水多厉害啊!不到几天工夫,晋阳城到处都是水,生火做饭都非常困难。可是晋阳城里的老百姓是硬骨头,这点儿水吓不倒他们,他们坚决不屈服,更齐心协力,牢牢地守住城。

智伯眼看晋阳城就要给大水淹没了,心里非常得意。有一次,在大家看水势的时候,他故意指着晋阳城对魏桓子和韩康子说:"我现在才晓得大水还可以亡人家的国家哩!"

魏桓子和韩康子听了,心里非常害怕;因为魏家的大城安邑在汾水边上,韩家的大城平阳在绛水边上,汾水可以灌安邑,绛水可以灌平阳。他们心里想:智伯这个人什么事都做得出,把赵家灭掉后对自己准没好处,得想办法对付才行。

正当魏桓子、韩康子日夜焦虑的时候,一天晚上,赵襄子派张孟谈偷偷地溜出晋阳城来跟他们商量了。

张孟谈见到他们两人,说:"赵家跟魏家、韩家就好比嘴唇和牙齿互相依附着,要是嘴唇缺了,牙齿就要受冻。现在智伯率领了魏、韩两军来攻赵,如果赵家亡了,恐怕就要轮到魏家和韩家了!"

魏桓子、韩康子两人忧愁地说:"我们也明知道智伯不会放过我们,我们正急着想法对付他,只是怕事没做成,秘密倒泄露出去,那我们马上就要遭殃。"

张孟谈说:"只有我一个人在这儿,决不会泄露秘密,你们说出来有什么关系呢?"

于是魏桓子、韩康子私下跟张孟谈叽叽喳喳谈了半天,定下计谋,约定了日期,到时候向智伯进攻。

一个漆黑的夜晚,四周静悄悄的,只有堤坝里的水哗啦啦地流着。就在这时候,赵襄子派人潜出晋阳城,神不知鬼不觉地杀掉了守堤的人,决开堤坝,把水一直灌到智伯的军营里去。

智伯正在做着好梦,忽听得哗啦啦的声音越来越响,来势汹汹,就惊醒过来,知道事情不妙,慌忙叫兵士抢救。哪知水势越来越大,冲得兵士连脚都站不住了,喊的喊,叫的叫,乱成一团糟。

就在这混乱不堪的当儿,魏家、赵家向智伯两面夹攻过来,赵襄子又带领军队迎头痛击过去。顿时,智伯的军队被打得落花流水,死的死,伤的伤,智伯也给杀掉了。

赵、魏、韩三家为了斩草除根,又把智家全族人杀光,并且把智伯的土地也瓜分了。

这一来,操纵晋国大权的只有赵、魏、韩三家了。三家名义上虽然不是诸侯,而实际上与诸侯没有两样。以后三家又进一步陆续分割晋国国君的土地,最后只给国君留下了一点点地方。国君一点权力也没有了,只得忍气吞声地在三家手下讨生活,甚至卑屈地到三家去朝见。晋国名义上虽还存在,实际上已经无足轻重了。

公元前403年,魏、赵、韩取得了周天子的承认,正式成为诸侯国。历史上通常把这一年作为战国时期的开始。

这时候,历史舞台上出现了三个新国家:魏国、赵国、韩国。魏国占有原来晋国中部和西南部的地方,赵国占有原来晋国北部的地方,韩国占有原来晋国南部的地方。

魏、赵、韩三国和原来的齐、楚、秦、燕四国并称为战国时期的七大强国,历史上叫作"战国七雄"。这七大强国的领土比较大,人口比较多,经济、政治、军事力量都比较集中。各国之间不断地展开吞并的战争,比春秋时期更激烈,规模也更大。长期战争的结果是秦国吞并了六国,统一了全中国。

秦国所以能完成统一全中国的伟大事业,是经过国内的政治改革和艰苦的斗争过程的。

商鞅变法

秦国在现在陕西省的地方,在当时是一个比较落后的国家。公元前361年,秦国的国君秦孝公下了一道命令:谁要是能够想出办法来使秦国变成一个强盛的国家,就叫他做大官,并且封给他土地。这道命令下得很有效果,一下子吸引了许多有才能的人跑到秦国去。

跑到秦国去的人当中有一个是卫国的贵族,叫作公孙鞅。他到了秦国,在秦国进行变法,使秦国变成当时顶强盛的国家。后来,秦孝公因为公孙鞅的功劳大,把他封为商君,人们就把他叫作商鞅。

商鞅本来在魏国宰相公叔痤手下做事,精通法家的学说,很有才能。公叔痤非常看重他,打算把他推荐给魏王,谁知还没来得及这样做,公叔痤就生起病来了。

公叔痤病重快要死的时候,魏王亲自去看望他,忧愁地对他说:"你病得这么沉重,万一不幸好不起来,怎么办呢?"

公叔痤回答说:"大王不必担心,我手下的公孙鞅,虽然年纪轻,才能却很高,请大王把国家大事交给他管好了。"

魏王听了,心里不以为然,小小公孙鞅能做出什么大事?也许公叔痤病糊涂了,说出这种不知高低的话来。魏王本想辩驳几句,只见公叔痤哼哼唉唉病得可怜,也就默不作声了。

公叔痤并不像魏王想的那样糊涂。他看出了魏王的心意,就吩咐侍候的人走开,私下跟魏王说:"大王要是不用公孙鞅,那就得把他杀掉,千万不能让他离开魏国到别国去。"魏王随口答应了。

魏王走了以后,公叔痤把公孙鞅叫来,对他说:"刚才大王来看我,问我谁能接替我做宰相,我就推荐了你。照大王的神情看来,他是不会用你的。于是我又对大王说,要是不用你,就把你杀掉,大王答应了。我这样对大王说是为了国家着想。我本着先公后私的精神,现在以私人的情谊劝你快快逃走。"

商鞅不慌不忙地回答说:"大王不能听信你的话任用我,哪里又会听信你的话杀掉我呢?"

商鞅到底没有逃走。魏王真的也没有听信公叔痤的话,反而对左右大臣说:"公叔痤病糊涂了,要把国家大事交给年纪轻轻的公孙鞅,岂不荒唐!"

公叔痤死后,魏国就没有人赏识商鞅,魏王又不重用他,他听到秦孝公下命令谋求有才能的人的消息,就跑到秦国去了。

商鞅到了秦国,通过秦孝公的一个宠臣的引见,见到了秦孝公。

商鞅第一次见秦孝公,谈出自己用法家的主张来使秦国富强的办法。尽管商鞅一个劲儿地谈了好久,秦孝公却压根儿听不进去,老是东歪西倒地打瞌睡。商鞅不灰心,一次两次地求见秦孝公,向他陈述自己主张的好处,最后终于把秦孝公说动了。秦孝公慢慢地相信了法家的学说,跟着也就慢慢信任商鞅了。

商鞅对秦孝公提出了变法的主张,秦国大臣中就有人出面反对,于是双方展开了激烈的争论。反对的人坚持原来的风俗习惯不可以改变,改变了对人民不方便。商鞅驳斥他们说:"从古以来治理国家就没有一个不变的办法,只要对国家方便,不一定要学古代的办法。要想国家强盛,非改革旧制度不可!"

秦孝公同意商鞅的主张,下定决心变法。

公元前 359 年,秦孝公任命商鞅做"左庶长"的官,陆续颁布了变法的命令。新法的主要内容有下面几点：

（1）把民户组织起来。编定五家为一伍，十家为一什，互相监视；一家犯法，别家不告发，一同受重罚。

（2）加强劳动力。户主如有两个儿子，儿子到一定的年龄，必须分家，各自独立谋生；不分家的话，赋税要加倍。

（3）加紧军事训练，奖励军功。凡人民为国家战争立功的，按功劳大小受赏，贵族没有军功的，不得享受名位；不论贵族和平民如果私下争斗，按犯罪轻重受刑罚。

（4）奖励生产。凡努力种田纺织和生产多的可以免除徭役，好吃懒做的穷人，连同妻子没入官府做奴婢。

新法的基本精神是加强刑法，用赏罚来奖励人民生产和勇敢地对外战争。

在实施新法之前，商鞅恐怕人民不信任，不遵守新法，就想出一个办法来取得人民的信任。

他叫人在国都的南门竖起一根木头，命令说："谁要是能够把这根木头搬到北门去，就赏给他十两金子。"

人们对这个命令感到奇怪，谁也不敢去搬动。

于是商鞅就把赏金加多，说："谁要是能把它搬到北门去，赏给他五十两金子。"

人们越发猜不透政府究竟是什么意思，大家都交头接耳地讨论着。这时人群中走出来一个人，真的照命令做了，商鞅立刻赏给他五十两金子。这一来，人人就信任政府什么事说到就做到了。商鞅看到人民对政府信任，才公布变法的命令。

新法实行不到几年工夫，秦国人民的生活大大改善，家家能自给自足，社会秩序很安定，"路不拾遗，山无盗贼"，人民为国家作战起来很勇敢，私下却不敢殴斗。秦国就这样富强了起来。

公元前 350 年，秦国迁都咸阳。商鞅又进一步陆续颁布了一些新法令。

（1）把乡村和城镇合并为大县，一共设立了四十一个县。每县由中央政府派县令、丞（正副县长），管理全县政事。

（2）把贵族领主封区的疆界铲除，田地可以买卖；奖励开垦荒地，谁开垦的地，归谁所有，政府按照耕种田地的面积征收赋税。

（3）统一全国的度量衡，加强国内经济上的联系。

（4）革除落后的风俗，禁止父子兄弟同室居住。

商鞅不仅是个伟大的政治家，而且是个杰出的军事家。秦国变法成功强大起来以后，商鞅带领大军向魏国进攻，迫使魏国把河西郡的一部分土地割还秦国。商鞅立下了这样的大功，秦孝公就封给他十五个城，把这十五个城改名叫商，称他为商君。

商鞅在实行新法的时候，贵族领主纷纷起来反抗。反抗的人虽多，可是动摇不了商鞅的决心，他坚决要推行新法。

有一次，太子犯了法，商鞅对秦孝公说："国家的法令人人都得遵守，新法推行受到阻碍，主要是上面的人不遵守。现在太子犯了法，也得依法惩办。可是太子是国君的继承人，不便对他用刑罚，太子的师傅可得担当他的罪名！"于是就把太子的师傅公子虔、公孙贾办了罪，把公子虔的鼻子割掉，在公孙贾的脸上刺上黑字。这一来，谁也不敢明目张胆地反对新法，新法就顺利地推行了。

商鞅进行了这样巨大的改革，严重地打击了贵族领主的权势。贵族领主都非常怨恨商鞅，想反抗他，可是秦孝公很信任他，他们找不到报复的机会。

公元前 338 年，秦孝公死了，太子即位，就是秦惠文王。商鞅为了坚决实行新法，曾经惩办过太子的师傅，现在这些贵族领主找到了好机会，就向秦惠文王诬告商鞅谋反。

秦惠文王信以为真，派官吏去捉商鞅。商鞅东奔西逃，最后无路可走，被抓住了。秦惠文王用残酷的刑法把商鞅处死，并且杀死了他的全家。

商鞅虽然被杀害了，可是他所推行的新法在秦国已经不可动摇了。秦国由于彻底推行了商鞅的新法，便成为当时最强盛的国家，奠定了统一中国的基础。

爱国诗人屈原

秦国强盛以后,就向东发展。当时据有黄河天险阻挡秦国向外发展的是魏国。秦国首先向魏国进攻,逼得魏国几次割地求和,秦国不仅收回了河西,并且侵入了河东、河南的地方。

秦国据有了黄河、函谷关的天险以后,不断向东方各国进攻,和六国展开了激烈的斗争。

我们祖国伟大的爱国诗人屈原就是生活在这个沸腾的时代里。

公元前340年,屈原诞生在楚王同姓的贵族家庭里。他有高贵的品质,受过很好的教育,学识渊博,记忆力强;他对古今政治形势的变迁知道得非常清楚;他的文章写得好,又擅长外交辞令。屈原年轻时生活很顺利,楚怀王信任他,叫他担任地位仅次于宰相的"左徒"的官职。他参议国家大事,起草法令,宣布号令,接待外交使节,有时还出使到各国去。

屈原有远大的政治抱负,看到旧贵族结党把持楚国政治,国内搞得乌烟瘴气,就想制定新的法令来改革内政,使楚国富强起来。在外交上,他主张联合齐国,抵抗秦国,最后由楚国来统一全中国。这个主张要侵犯楚国腐朽的旧贵族的利益,又与当时秦国统一全中国的主张相矛盾,秦国就利用楚国的旧贵族,费尽心机地排挤他。

有一次,怀王叫屈原起草一个很重要的法令,草稿没有写成,给一个素来反对屈原的贵族靳尚看到了。他晓得屈原在起草一个很重要的法令,想打探底细,就假意说:"你这样整日整夜忙着国家大事,实在太辛苦了,这个法令我来帮你写吧!"

这个法令有关国家机密大事,屈原晓得他不怀好意,就婉言谢绝了。

靳尚看到软骗不行,就死乞白赖地去抢夺屈原的草稿,屈原愤怒地推开了他,这一抢又没能成功。靳尚怀恨在心,就找机会在怀王面前搬弄是非,说屈原的坏话。

有一天,靳尚趁屈原不在怀王身边的时候,一本正经地对怀王说:"大王叫屈原起草法令,人人都知道。可是每次法令一公布出来,屈原就把功劳往身上一拉,趾高气扬地说'没有我屈原,这法令怎么也订不出来'。看他样子简直不把大王放在眼里!"

昏庸的怀王听了,气得吹胡子瞪眼睛。靳尚见自己的话起了作用,就进一步陷害屈原。他与怀王顶宠爱的小儿子子兰一帮坏蛋专门在怀王面前捏造许多事情毁谤屈原,怀王不由得不相信,他疏远了屈原,不再让屈原做左徒了。

屈原被这批奸臣排挤出楚国的朝廷,这可给秦国带来了好机会。

当时东方国家中实力比较强、可以跟秦国抵一下的只有两个,就是齐国和楚国。秦国最怕楚国和齐国联合在一起,就派张仪到楚国去活动。

张仪到了楚国,楚怀王询问他的来意,他说:"我是来改善贵国和秦国之间的关系。要是大王肯听信我,和齐国绝交,我愿意献出秦国商於[①]地方的土地六百里,两国和好,结为兄弟之国。"

怀王眼光短浅,一味贪图便宜,听了张仪这一说,高兴得不得了,一口就答应了,并且派人跟张仪到秦国去接收土地。

张仪到了秦国国境,就假装从车子上摔下来受了伤,三个月不出

---

① 商於在河南省淅川县南。

门。楚国的使臣见不到张仪,接收不到土地,就派人回报楚怀王。怀王被眼前的利益冲昏了头,听到这件事,反而说:"是不是张仪还觉得我和齐国绝交得不彻底,不相信呢?"

于是派了个勇士去辱骂齐王。齐王气愤极了,就和秦国联合起来。

这时,张仪的伤忽然好了,出来接见楚国的使臣,说:"我自己有块六里的土地,愿意献给你们大王。"

楚国使臣说:"我是奉命来接收商於地方六百里的土地,没听说是六里地啊!"

张仪眨眨眼睛,狡猾地说:"我只说六里,从来没说过六百里啊!"

楚国的使臣回国把交涉的经过报告了怀王,怀王非常愤怒,就在公元前312年,发动大军进攻秦国,结果吃了个大败仗,楚兵死了八万人,被秦国占去了汉中郡①。这一来,怀王更加愤怒,发动了全国的兵力攻打秦国,一口气打到秦国的蓝田②,但最后还是一败涂地。

楚怀王上了这么个大当,吃了这么大的亏,这才又想起了屈原。他懊悔过去没有采用屈原的政策,于是把屈原召回来,派他出使齐国,和齐国恢复联盟。

秦王眼看屈原一到齐国,齐楚的联盟就会恢复,心里很害怕,赶紧与张仪商量对付的办法。

张仪说:"咱们得先下手为强,趁屈原交涉还没办妥的时候,马上派人到楚国去,就说咱们愿意退还汉中的地方,跟楚国讲和。"

秦王照计而行,派了个使臣到楚国去求和。

楚怀王实在痛恨张仪,要把张仪弄到手,出口怨气,他很不冷静地对使臣说:"你回去对你们大王说,汉中的地方我不要了,把张仪交出

---

① 汉中郡,现在汉水上游陕西、湖北接界一带地方。
② 蓝田,陕西省蓝田县。

来,咱们再谈讲和的事!"

秦王心里想叫张仪前去,但不便说出口,哪知张仪反而请求去。

秦王故意很关心地对张仪说:"楚王恨透了你,去了一定会要你的命。"

张仪毫不在乎地回答:"秦强楚弱,我奉大王的命令到楚国去,他们不敢杀害我。即使他们要杀害我,我自有办法。再说,我要真给杀害了,死我一个人,秦国得到一大片土地,有什么不上算呢?"

张仪一到楚国,怀王就把他拘禁起来。

原来张仪早就与楚国的靳尚这批卖国贼有勾结,这时他就暗里活动,买通靳尚;通过靳尚又买通怀王顶宠爱的美人郑袖。

靳尚偷偷地对郑袖说:"秦王非常亲信张仪,舍不得他死,正在设法割大片土地给楚国,并且送美女给楚王,来活动释放他。这么一来,秦国的美女势必夺去大王对你的宠爱,我看还不如早点想办法叫大王把张仪放回去。"

郑袖唯恐失去宠爱,就日夜纠缠着怀王。结果,怀王又轻轻易易地把张仪放回秦国去了。

屈原从齐国回来,听到这消息,就去问怀王:"大王吃张仪的亏还没吃够?为什么不把他杀掉,随随便便放他回去?"

怀王后悔起来,立刻派人去追张仪,可是,晚了,已经追不上了。

以后的十多年,楚国的政治仍然十分混乱,一会儿联齐,一会儿联秦,屈原始终没有得到重用,左徒的官职也一直没有恢复。这期间,秦国接连向楚国进攻,楚国屡遭失败,更加衰弱了。

公元前299年,秦王请楚怀王到秦楚交界的武关①相会,订立和好的盟约。怀王因这几年来打了败仗,想跟秦国和好,打算前去赴约。

---

① 武关在今陕西省商洛市。

屈原觉得怀王去很危险,就劝阻说:"秦国是虎狼一般的国家,不能把他们的话当真,去了一定上当,还是不去的好。"

子兰却竭力怂恿父亲去,他说:"秦国好意来跟我们和好,千万不能丧失这个好机会。"

怀王经不起子兰那些人一再的劝说和催促,就前去赴约了。

秦王叫一个将官带领一支军队埋伏在武关,怀王一进关,伏兵就把关门关闭起来。秦王把怀王押到咸阳,要他割让土地才放他回国,怀王愤怒地拒绝了。第三年,怀王死在秦国。

怀王被囚在秦国时,他的大儿子继承了王位,就是顷襄王。顷襄王比怀王更糊涂、更懦弱,他叫他的弟弟子兰做宰相,朝廷上一帮亲秦派当了权。他们不断在顷襄王面前诽谤屈原,顷襄王就把屈原放逐到长江以南的地方去。

屈原离开了国都,开始了他十多年的痛苦的流放生活。

他走遍祖国南部的山川,生活在人民中间,深切地体会到人民的痛苦。这使他更加热爱与自己血肉相连的祖国,更加同情人民痛苦的命运。

他被流放了,他的政治生涯已经结束,只得把满肚子的悲愤倾吐到诗篇里去。他写下了自己奋斗的一生,写下了祖国悲惨的命运,寄托了对人民深厚的同情。年轻时候,他的诗清新、活泼,像珍珠一般晶莹光润;如今他饱经忧患,他的诗沉郁奔放,像滚滚的江流,时而掀起汹涌的怒涛。

屈原最后来到了汨罗江①。

秦国的威胁像密密的乌云一样沉重地压在楚国的天空,暴风雨就要来了。祖国的危亡在屈原的心上投进了阴郁的暗影。幽愤的心情和

---

① 汨,读 mì。汨罗江,水名,发源于江西,流至湖南入洞庭湖。

苦难的生活折磨着他,他的身体衰弱了下来,气色十分憔悴。他披散着头发,在汨罗江畔吟诵着哀歌。

暴风雨终于来临了。公元前278年,秦国大将白起攻破楚国的都城郢,楚兵溃败逃散,楚王的祖坟也给烧毁了,楚王狼狈地迁都到陈①。

郢都沦陷的消息给屈原沉重的打击,他看到楚国再也没有希望,自己再也不可能挽回祖国的命运了。就在这一年夏天,这个伟大的爱国诗人投身汨罗江中,结束了自己的生命。

屈原的一生是一个悲剧,从这里可以看到楚国悲惨的前途。

---

① 陈是当时的地名,在现在的河南淮阳一带。

将相和

屈原在他的伟大的诗篇《离骚》中曾经写下了一段话,大意是:

> 大家都竞争着在以酒食为征逐,
> 贪财好利的心事全然不知满足。
> 大家都宽恕着自己而猜忌别人,
> 大家都在斗着心机而互相嫉妒。①

楚国腐朽的贵族互相钩心斗角,争权夺利,不能团结一致,这是楚国惨败于秦国的主要原因之一。秦国虽然强大,但是只要被侵略国全国上下团结起来,一致抵抗,秦国的侵略也不是抵挡不住的。

赵国的蔺②相如和廉颇团结抗秦,保卫了赵国的安全,就是一个光辉的事例。

廉颇是赵国的大将,很会用兵,作战时很稳重。秦国和赵国相邻,秦国常常侵犯赵国,好几次都给廉颇打了回去。廉颇对国家忠心耿耿,立下了很大的功劳,赵王十分倚重他。

秦国侵犯赵国虽然屡次得不到好处,但还是想尽办法来侵犯

---

① 根据郭沫若先生的译文。
② 蔺是人的姓,读 lìn。

赵国。

赵惠文王得到一块世上少有的宝贝——和氏璧，秦昭王就在这块玉璧上打主意。公元前283年，秦昭王派使臣送国书给赵惠文王，说秦国愿意拿十五座城的代价来换取这块贵重的玉璧。

赵惠文王拿不定主意，召集廉颇一班文武大臣商议，大家都觉得事情很难办：要是真的拿玉璧去交换，秦国素来无信义，一定是一座城也弄不到手，白白地丢了宝贝；要是不答应，秦国那么强大，借口打进来怎么办？大家商议来商议去，商议不出一个好办法来。

赵惠文王很焦急，想找个人出使秦国办理这件事，问了半天，也没有人吭气，就连廉颇也站在一旁默不作声。

最后，赵王的内侍长缪贤对赵王说："我的门客蔺相如是个很有见识的人，大王不妨召他来商议商议。"

蔺相如应召来了，赵王问他："秦王要用十五座城来交换我的和氏璧，你看能不能答应？"

蔺相如答道："秦国强，我们赵国弱，不能不答应。"

赵王又问："秦国得了我们的玉璧，不给我们城，怎么办呢？"

蔺相如说："拿十五座城来交换一块玉璧，这个代价可不小。我们要是不答应，错就在我们；要是我们给了他们玉璧，他们不守信，不交出城来，那错就在他们了。宁可让人家担错，我们可不能。"

赵王接着就问："那么谁可以出使到秦国去办这件事呢？"

蔺相如回答："大王要是实在没有人派遣，我倒愿意带着玉璧到秦国去跑一趟。秦国交出城，我就把玉璧留下；秦国不交，我一定把玉璧完好地带回来。"

大家都觉得蔺相如把事情看得太容易了，这样夸口，未免过早。赵王也半信半疑，不过还是派遣蔺相如去了。廉颇看到赵王竟把这么重大的事情托付给小小的门客，心里很不舒服。

蔺相如带着玉璧到了秦国，秦王立刻召见他。秦王看到玉璧大为高兴，就传给殿上的大臣们看。大家看了都称赞不已，一齐向秦王道贺，高呼"万岁"。

蔺相如看到秦王把玉璧拿到手，丝毫没有交城的意思，心里一盘算，想出了个办法来。他走上前去，说："这块玉璧确实光润可爱，不过有个暗毛病，不当心是看不出来的，我指给你们看。"

秦王信以为真，把玉璧交给了蔺相如。

蔺相如接过玉璧，赶忙退到柱子边，气得头发一根根竖了起来，厉声说："大王派人送国书给赵王，说要换取这块玉璧。赵王召集群臣商议，大家都说，秦国用十五座城换取玉璧是句空话，万万不能答应。我却以为，一个普通人都还讲信义，何况堂堂秦国呢？为一块玉璧而伤大家的和气是划不来的。赵王听信了我的话，才恭恭敬敬地斋戒了五天，派我送这块玉璧来。赵王是多么郑重其事！而大王呢？实在太不当一回事了，随随便便把玉璧给大家传来传去。我看大王根本没有拿十五座城来交换的诚意，我只好把它拿了回来。大王要是用强力逼我，那我就拼着我这颗脑袋和玉璧一齐碰碎在柱子上！"

说着，就要拿起玉璧对准柱子摔上去。

这一来，秦昭王可急坏了，连忙向蔺相如赔罪，并且假意在地图上点点画画地告诉蔺相如，说从哪儿到哪儿，把十五座城换给赵国。

蔺相如会这样傻吗？他明知道秦王还是在弄鬼，迷糊人，哪里会真给？于是就改换口气对秦王说："和氏璧是天下闻名的宝贝，赵王因惧怕大王，不敢不献出。为了郑重起见，赵王曾斋戒了五天，大王也应该郑重其事地斋戒五天，我才把玉璧献出来。"

秦王看到强夺不会有好结果，就勉强答应了。

蔺相如知道秦王虽答应斋戒，城还是不肯交出来的，就叫随从的人乔装打扮，连夜抄小路把玉璧送回赵国。

五天过去了，十分隆重的受璧典礼就要开始。秦王威风凛凛地坐在殿上，只听得典礼官高声喊道："请——赵国使臣上殿！"

蔺相如整了整衣服，从从容容地走上殿来。

秦王看到蔺相如两手空空，知道事情不妙，赶紧问："我已斋戒了五天，现在又十分郑重地举行受璧典礼，你把玉璧献上来吧！"

"玉璧早就送回赵国去了！"蔺相如一字一字地回答。

秦王不禁"啊"的一声叫了出来。

蔺相如从容不迫地接着说："多少年来，秦国一直不守信义，大王这次说的话也不一定算数。我怕上当，对不起赵国，所以暗里派人把玉璧送回去了。我欺骗了大王，该当死罪，大王瞧着办吧！"

秦王气得浑身发抖，狠狠地说："好！你要我斋戒五天，原来你好有机会把玉璧偷偷地送回去！"

蔺相如说："大王听我说！秦是强国，赵是弱国，当初大王派人要玉璧的时候，赵国不敢拖延，马上把玉璧送来了。大王要是真要那块玉璧，就该交出十五座城来，赵国哪敢开罪大王，不把玉璧献出来呢？"

蔺相如这几句话说得秦王和群臣目瞪口呆，一时找不出话来辩驳，大家你瞧我、我瞧你地瞧来瞧去。左右的卫士沉不住气了，一窝蜂地拥了上来把蔺相如揪住。这时，秦王心里已经掂酌过，要是把蔺相如杀了，既得不到玉璧，自己也下不了台，所以赶忙喝道："不许动手！"一面又假意对蔺相如说："我哪里会为一块玉璧伤两国的和气呢？"

接着，秦王顺便做个人情，很恭敬地接待蔺相如，送他回赵国去。此后秦国再也不提起换璧的事。

赵王从这件事里看出蔺相如很有才能，就拜他做上大夫。秦王也从这件事里看出赵国的态度强硬，不甘心屈服于秦国。

过了两年，秦国去攻打赵国，夺得赵国一座城；又过一年，又去进攻赵国,杀了赵国两万人。秦国虽说得了一些胜利,可是无法使赵国屈服。于是秦王想出一条妙计来:派使臣去见赵王,邀请赵王到渑池①地方相会。明里说是秦赵和好,实际上是暗动刀兵。

赵王知道秦国不怀好意,去了定会遭到祸事,心里害怕,不敢前去。廉颇和蔺相如却认为不去正是表示自己弱小,秦国以后会更加不把赵国放在眼里。赵王没有办法,只好硬着头皮去了。

蔺相如保护赵王一同前去,廉颇一直送到边境上。临别时,廉颇对赵王说:"大王这次路上来去加上开会的时间,至多不过三十天工夫。要是过期,大王还不回来,我们就立太子做国王;那时赵国有了国王,秦国就只好死心了。"

赵王声泪俱下,答应了。

公元前279年,秦王和赵王在渑池相会。宴会上,秦王多喝了一点酒,有点醉意,故意作弄赵王,说:"我听说赵王很爱好音乐,瑟弹得很好,请弹上一曲听听吧!"

赵王惧怕秦王,只得弹了。

秦国的使官赶紧把这件事记载下来,说:"某年某月某日,秦王和赵王会饮,秦王命令赵王弹瑟。"

赵王受到了很大的侮辱。蔺相如十分气愤,拿了一个缶②来,跑到秦王面前说:"赵王听说秦王很会奏秦国音乐,瓦钵敲得很出色,就请大王来一曲吧!"

秦王哪里受得了这一套,大怒,一口回绝了。

蔺相如眼里闪着愤怒的火焰,威胁秦王说:"大王实在不肯赏脸,我可就要大王的好看了!"

---

① 渑,读 miǎn。渑池在今河南。
② 缶,读 fǒu,古代一种瓦质的打击乐器。

秦王左右的卫士赶上前去,拔出刀来杀蔺相如。蔺相如瞪着眼睛大声一喝,吓得卫士们跌跌滚滚退了回去。

秦王被蔺相如逼得无法可想,只得勉强敲了一下缶。蔺相如大笑,立刻叫赵国的史官写道:"某年某月某日,秦王给赵王击缶。"

秦国的大臣看到蔺相如竟敢触犯秦王的尊严,很是气愤,就有人说:"请赵王拿出五座城来给秦王祝寿。"

蔺相如毫不客气地回击:"好吧!那么请你们秦国拿出咸阳①来给赵王祝寿。"

一席酒吃完了,秦国始终没能得到便宜。这时秦王得到密报,说赵国在边境上集结了大军。这样秦国也就不敢行动了。

赵王很有光彩地回到赵国,感念蔺相如的功劳,就拜他做宰相,地位在廉颇之上。

廉颇很不高兴,气愤地对人说:"我多少年来拼命替国家打仗,立下了多少功劳,蔺相如全凭一张嘴讲讲,有什么了不得?如今居然地位比我都高了。他这样出身微贱的人,我可不愿屈居在他下面。要是我碰到他,非给他点颜色看看不可!"

蔺相如听到这些话以后,就处处避开廉颇。有一次,蔺相如坐了车子出外有事,看到廉颇的车马迎面来了,赶紧叫车子躲开,不与廉颇见面。

这一下可把蔺相如的门客气坏了,大家都对蔺相如说:"我们敬仰你的为人,才远离家乡投奔到你手下来。现在廉将军这么无理取闹,没想到你竟这样怕他。他这样欺侮人,就是普通人也忍受不了,何况你身为堂堂的宰相呢?我们吃不下这份怨气,只好向你告辞了!"

蔺相如苦苦挽留他们,对他们说:"诸位看,廉将军和秦王到底哪一

---

① 咸阳在陕西省,当时是秦国的都城。

个厉害?"

"那还用说!当然是秦王厉害呀!"

蔺相如说:"大家说得不错。那么请大家想一想,秦王那么威严,我还敢在他的朝廷上当众辱骂他。我蔺相如虽然不中用,也不至于无缘无故惧怕廉将军啊!"

"那么你为什么处处躲开他呢?"大家齐声问。

蔺相如解释道:"还不是为了国家!大家想想就明白了。强大的秦国现在之所以不敢侵犯我们,就是因为我们能同心协力抵抗他。要是我跟廉将军斗起来,就好比两虎相争,必定是两败俱伤,这会给国家带来多大的害处呀!"

话传到了廉颇的耳朵里,廉颇深深地感动了。他觉得自己眼光短浅,气量狭窄,为了一时意气,竟把赵国的安全一股脑儿地丢下不管。他惭愧万分,亲自到蔺相如府上请罪。

他流着泪,沉痛地对蔺相如说:"我是个没见识的粗人,没想到你一向这样宽容我。现在我认识到我的错了,请你好好地责罚我吧!"

从此,他们两人和好了,并且成了生死之交。

将相和好给赵国人民很大的鼓舞,大家都紧密地团结在一起对付秦国,使得秦国多少年来不敢贸然侵犯赵国。

在这期间,秦国夺取了楚国的巫郡①、黔中郡②,楚国更加衰弱了。齐国也因为与燕国火拼,国力大大损伤。齐、楚两个大国相继衰落了下去,秦国更加强大起来。

公元前260年,秦国白起率领大军侵犯赵国,与廉颇带领的军队相持在长平③。秦国用计使赵王调走了老成持重的廉颇,而用轻躁的赵括

---

① 当时的巫郡在现在的重庆巫山。
② 黔,读 qián。当时的黔中郡在现在湖南省沅陵县西。
③ 长平在今山西高平。

做主将,秦赵在长平展开了空前剧烈的大战。秦军把赵军彻底打垮,活埋了赵国投降的兵士四十万人,赵国这才急遽地衰落了下来。

又过了四年,秦国把周王朝也灭了。同年,周朝的最后一个王去世,从此挂名的周天子也没有了。

奇货可居

春秋战国时期,社会经济有了很大的发展。由于铁的发明和应用,农业手工业的生产工具改进了,农业手工业就发达起来。随着商品交换发展,商业发达起来,城市也兴起了,到了战国时期,上万户的城市已经很普遍,齐国的国都在商鞅死后不久,人口就有了七万户。商业发达起来,陆续出现了大商人。他们不仅在大都市中囤积居奇,操纵市场,还在各国大都市之间奔走,做大生意。

战国末年,韩国有一个商人叫作吕不韦。他曾经在韩国的大都市阳翟①经商,发了大财。有一次,他到赵国的国都邯郸②做生意,见到了一个落魄的秦国王孙。他灵机一动,准备变变花样,来从事一下政治投机,就得意地说:"这是一笔奇货呀,倒可以囤积一下。"

这个落魄的秦国王孙名叫异人,是秦昭王的孙子,太子安国君的儿子。异人有兄弟二十多人,自己不是长子,母亲夏姬又不为父亲宠爱,秦国就把他送到赵国去做"质子"③。那时秦国常常出兵攻打赵国,赵国对异人很冷淡,秦国供给他的费用又不够宽裕,因此,他在赵国的处境相当困难。

吕不韦为了在这位落魄王孙身上进行政治投机,特意回家去跟他

---

① 阳翟在河南禹州。
② 邯,读 hán;郸,读 dān。地名,在河北。
③ "质"是抵押的意思。"质子"就是抵押品。

父亲商量。

他问他父亲:"经营田地可以得利多少?"

他父亲说:"十倍。"

"经营珠宝呢?"

"百倍。"

"拥立一个国君呢?"

"那可算也算不清了!"

于是吕不韦决定再回到邯郸去做这一笔好"买卖"。

吕不韦设法结识了异人。他对异人说:"我能够光大你的门庭。"

异人听了,笑了笑说:"你去光大你自己的门庭好了,何必来光大我的门庭呢?"

吕不韦回道:"你不知道,我虽然能光大你的门庭,我的门庭却要你来光大的!"

异人心中有数了,就与吕不韦秘密商量起来。

吕不韦说:"秦王年纪老了,眼看你的父亲就要做王,做了王就要立太子。你在兄弟二十多人中不是长子,又长久在国外做'质子',看样子没有希望做太子。你的父亲顶宠爱华阳夫人,华阳夫人没有生儿子,我看你倒不如好好孝敬她,要她收你做儿子,这一来你将来准做太子!"

异人叹了口气,忧愁地说:"话虽这么说,可是我现在处境这么困难,哪里能有什么办法呢?"

吕不韦赶忙回答:"我拿出几千两金子到秦国去替你活动活动,设法请你父亲和华阳夫人立你做嫡子,做了嫡子,将来就有做太子的份了。"

吕不韦一面拿出一大笔钱给异人,让他结交宾客,宣扬自己的名声;一面花一大笔钱收买了许多珍宝,亲自到秦国去替异人活动。

他到了咸阳以后,先去拜见华阳夫人的姊姊,送她一份厚礼,又托她把大批珍宝献给华阳夫人,并且说:"王孙真是个有才有学的人,结交天下的宾客,很有名气。他对太子和华阳夫人真是一片孝心,日夜思念着太子和华阳夫人。"

华阳夫人收到了许多珍宝,又听到她姊姊告诉她这些话,很是高兴,就对异人有了好感。

没过几天,她的姊姊又去找她,满面愁容地对她说:"妹妹现在得到太子的宠爱真是幸福极了,但是自己没有个儿子,将来依靠谁呢?我看异人很贤能,对你又是一片孝心,何不趁早在太子面前说说,把他立为嫡子,这样他一定感你的恩,将来会报答你,孝顺你。你呢,原来没有儿子的也变成有儿子的了。"

华阳夫人觉得姊姊的话很有道理,就要求太子安国君把异人立为嫡子。安国君十分宠爱华阳夫人,就一口答应了,并且任命吕不韦做异人的师傅。

异人被作为"质子"居留在赵国,无依无靠,生活十分困苦,甚至连再回到秦国的希望都没有。现在由于吕不韦的活动,他已经成为王太孙,生活顿时改变,与以前大大不同了。

吕不韦又给异人在赵国找了一门亲,结了婚。公元前259年正月,赵国的姑娘给异人生了个男孩子,取名赵政,这就是后来并吞六国、统一中国的秦始皇。秦国嬴姓,后来人们也称秦始皇为"嬴政"。

第二年,吕不韦和异人回到了秦国。吕不韦心机真多,他知道华阳夫人是楚国人,为了迎合华阳夫人的心意,博得华阳夫人的欢心,就关照异人穿着楚国的服装去见她。

华阳夫人见了,果然十分高兴,她说:"我是楚国人,你这么打扮,真是我的亲生儿子了。"

于是她把异人改名为子楚。

秦昭王死后,太子安国君即位,就是秦孝文王。秦孝文王在位一年就死去了,子楚继承了王位,就是秦庄襄王。秦庄襄王感念吕不韦的功劳,就用他做丞相。秦庄襄王在位三年也去世了。

公元前246年,嬴政继承了王位,当时只有十三岁。吕不韦继续做丞相,并且取得了"仲父"的称号,国家大权都落在他的手里。

吕不韦把一个落难王孙当作"奇货"进行政治投机。居然获得了成功,从一个商人变成为当时强盛的秦国的丞相。他的政治野心很大,手下招了三千宾客,一面在秦国推行有利于商业的政策,一面继续向六国用兵,想在自己的手里完成统一中国的大事业。

可是,秦王嬴政是不甘心做吕不韦的傀儡的;二十二岁时,他就开始亲自处理政务。这时咸阳发生了叛乱,他迅速地把叛乱平定。乱事牵连到吕不韦,秦王嬴政在第二年就免除了吕不韦的职位;又过两年,吕不韦悲愤得服毒自杀了。

秦王嬴政在短短的两年内把政权集中到自己一个人的手里来,开始并吞六国。这时秦国已是十分强大,六国中任何一国都没有单独抵抗秦国的力量。可是,六国要是联合起来,还是能对付秦国的。

当时,有一个叫尉缭的,向秦王嬴政献计说:"请大王不要爱惜财物。我们花三十万金子就可以把别国的大臣收买过来;大臣给收买了过来,诸侯也就完了。"

秦王政采纳了这个策略,派遣大批的间谍到各国去活动,收买六国腐化堕落的贵族,挑拨离间各国君臣之间的关系,然后派大军向六国进攻,把它们逐个击破。

公元前230年,秦国首先把当时东方各国中最弱小的韩国灭了,接着又派大军向赵国进攻,公元前228年把赵国也灭了。这年,秦国进兵到易水边上,准备向燕国进攻,燕国的太子丹想挽救燕国的危亡,派遣荆轲到秦国去行刺秦王嬴政,于是演出了一场惊心动魄的历史剧——荆轲刺秦王。

荆轲刺秦王

当初,燕国的太子丹曾经在秦国做抵押,秦王嬴政对他很不好,太子丹非常痛恨,想尽一切办法逃回到燕国。太子丹逃回国以后,结交天下的英雄,招募勇士,一心一意要报仇。

那时燕国有个勇士叫作秦舞阳,十三岁的时候就杀人了,人家连看都不敢看他一眼。太子丹见他很勇敢,把他收罗在自己门下。太子丹真心诚意优待宾客的名声传开去了,就有许多勇士投奔他。

秦国有一个名叫樊於期的将军得罪了秦王,逃到燕国来投奔太子丹。太子丹把他收容下来,对他很优待。

太子丹的师傅鞠武反对这样做,劝太子丹说:"秦国这样强暴,一心要并吞各国,怎么好收容秦王的仇人呢?我看还是赶紧把樊将军送到匈奴躲起来,免得惹祸。另外我们再去联络各国,结交匈奴,来对付秦国。"

太子丹回答:"先生的话固然不错,可是人家樊将军穷途末路才来投奔我,我怎么能不讲情义把他远远送到蛮荒的匈奴去呢?再说,联络诸侯抵抗秦国的办法,一时也实现不了,我心里急得好像火烧一样的,哪里还等得及?请先生再想个别的办法吧!"

鞠武停了一下说:"我实在想不出什么好的办法来了。不过咱们燕国有个田光先生,有智谋,有胆量,不妨跟他商量商量。"

太子丹请鞠武把田光请来,很恭敬地对他说:"燕国和秦国势不两立,请先生费心想个办法来对付秦国。"

田光答道:"鞠太傅只知道年轻力壮时候的田光,如今我老了,无能为力了。我有个好朋友,名叫荆轲,胆量见识远比我高,是个有用的人才。"

太子丹要求道:"我想通过先生结交你的朋友荆轲,不知道可不可以?"

田光答应了,起身告辞。太子丹亲自送到门口,郑重地嘱咐田光:"我刚才和先生谈论的是国家机密大事,请先生千万别泄露出去!"

田光低头笑了一笑,说:"知道了。"

田光见到荆轲,对荆轲说:"太子实心实意地请我想办法来抵抗秦国,挽救燕国,我实在精力衰退得做不成什么大事了。我和你一向感情很好,很知道你的才干,就把你推荐给太子了。"

荆轲回答道:"先生要我这样,我当然奉命去做!"

田光接着说:"我离开太子的时候,太子嘱咐我不要把商谈的机密大事泄露出去,可见他对我起了疑心。大丈夫做事就不该使人怀疑,请你赶紧去见太子,告诉他我用死来证明自己绝对不会泄露机密大事。"

说罢,他抽出刀来自杀了。

荆轲见到了太子丹,告诉太子丹关于田光自杀的事。太子丹伤心地痛哭起来,说:"我所以嘱咐田先生不要泄露机密,只是为了把事情做好,田先生以死来表明心迹,哪里是我的本心呢?"

过了一会儿,太子丹对荆轲说:"蒙田先生看得起我,介绍我见到先生,请先生多多指教我!现在秦国把韩王俘虏去了,韩国亡了。目前又发兵攻赵国,赵国抵挡不住,燕国就要大祸临头。我们燕国弱小,怎么抵挡得住秦国呢?各诸侯又怕秦国,不敢合作抗秦。我想要是能请到一位很有本领的勇士就好了,请他扮成使臣出使到秦国去见秦王,当面逼秦王退还侵占各国的土地。秦王要是答应,那再好没有;要是不答应,就刺死他。秦国的大军都在国外,秦王一死,国内一定要乱起来。

这时各国可以乘机联合进攻,秦国一定会被打败。我的愿望就是如此,请你仔细考虑考虑吧。"

荆轲回答说:"这是国家大事,我可能担当不了。"

太子丹再三请求,荆轲终于答应了。

太子丹让荆轲住在最好的客馆里,很恭敬地侍候他,唯恐招待得不周到。日子久了,荆轲还没有动身到秦国去的意思。这时候赵国灭亡了,秦国的大军已经到达燕国的边境,太子丹十分恐惧,就要请荆轲动身。

荆轲说:"我仔细考虑过,出使到秦国去总得有个凭信;没有凭信,不能接近到秦王身边。现在秦国对樊将军的头出了很高的赏格,要是我能带着樊将军的头和燕国最肥沃的督亢①的地图献给秦王,秦王一定高高兴兴地接见我,我就有机会下手了。"

太子丹说:"樊将军穷途末路才来投奔我,我怎么忍心伤害他呢?请你想个别的主意吧!"

荆轲看到太子丹不忍心,知道再说也没有用,就私下去见樊於期,对他说:"秦王杀害了将军的父母宗族,还出很高的赏格来要你的脑袋,将军难道不打算报仇吗?"

樊於期长叹一声,流着眼泪说:"我一想到这事就痛入骨髓,但是想不出办法来啊!"

"我倒有一个办法,可以解除燕国的患难,也可以替将军报仇,只是说不出口来。"

荆轲吞吞吐吐不肯说。樊於期一再催促他。最后,荆轲才慢慢说道:"我打算去行刺秦王,就是没办法接近他。要是我得到了将军的脑袋,把它献给秦王,秦王一定很高兴地接见我。那时我就可以左手拉住

---

① 督亢在今河北涿州市东,跨涿州市、固安、新城等界。

他的衣袖,右手一剑刺进他的胸膛。这一来,将军的仇报了,燕国的耻辱也消除了。不知将军觉得这样办好不好?"

樊於期听了这些话,咬牙切齿地说:"这正是我日日夜夜所盼望的事!"

说完,他就拔剑自刎了。

太子丹听到了樊於期死的消息,悲恸万分,立刻赶来伏在尸体上放声痛哭了一阵。但是事情已经发生了,只得把人头装在一只匣子里交给荆轲。

另外,太子丹又花重价买了一把无比锋利的匕首,用毒药炼过,交给荆轲。用这把匕首杀人,只要见一丝血就会送人命。太子丹派勇士秦舞阳充作副使,陪着荆轲到秦国去。

公元前227年,荆轲到达了秦国的都城咸阳。秦王政听到燕国的使臣把樊於期的头和燕国督亢的地图送来了,十分高兴,就用非常隆重的仪式来接见荆轲。

荆轲捧着樊於期的头,秦舞阳捧着地图,依次地走上朝堂去。只见朝堂前站满了雄赳赳的卫士,秦王威风凛凛地端坐在朝堂上,两旁侍立着文武百官。秦舞阳看到秦国朝堂这般威严,脸上突然变色,吓得两手直发抖,群臣看了都感到奇怪。

荆轲发觉,回头看看秦舞阳,笑了笑,从容地谢罪说:"他是北方的粗人,从来没见到过天子的威严,不免害怕起来,请大王恕罪!"

秦王命令荆轲把秦舞阳手中的地图接过来献上去。荆轲献上了地图,秦王慢慢地把它打开,打开到末了,突然露出一把寒光闪闪的匕首。

霎时间,荆轲一跃而上,左手拉住秦王的衣袖,右手抓起匕首猛地刺过去。

秦王吓得跳了起来,匕首没刺到,衣袖撕断了。秦王赶紧拔剑。剑长,心又慌,一时拔不出来。秦王逃命要紧,只得绕着大殿上的铜柱子转。荆轲紧紧地跟在后面追。群臣惊惶失措,不知怎么办才好。

这时正好有个御医在旁。他拿起药囊,对准荆轲打过去,打中了荆轲。

秦王还在绕着柱子逃,有人提醒他道:"大王把剑背到身上去拔,背到身上去拔!"

秦王定了定神,才把剑拔了出来,一剑向荆轲砍去,砍断了荆轲的一条腿。

荆轲支持不住,倒了下来,躺在铜柱边动弹不得。他拿起匕首用出浑身力气向秦王掷过去,扎得铜柱子火星直冒,没能掷中秦王。秦王走上前去往荆轲身上接连砍了几下,荆轲身上受了八处伤,知道自己的事不能成功了,就靠在柱子上哈哈大笑说:"我这次所以失败,是因为不想一下子刺死你,而是想活活地抓住你,逼你答应条件的缘故啊!"

当初,荆轲离开燕国动身到秦国去的那一天,天阴沉沉的,风凄凉地呼叫着,太子丹和门客们都穿了白衣,戴了白帽子,怀着沉重的心情送别荆轲,一直送到易水边上。

送行的时候,荆轲的好朋友高渐离击筑①,荆轲慷慨悲歌:

风萧萧兮易水寒,
壮士一去兮不复还!②

壮士荆轲再也没有能回到燕国去。

---

① 筑,古代的一种竹制弦乐器。
② 这两句话是荆轲的歌辞原句。意思是说,易水上风很冷,我这一去再也不回来了。句中的"兮"字,读 xī。古代的诗歌里常用这个"兮"字。这个字本身没有什么意义,就和我们用的"呀"字一样。

历史的长河永远向前奔流,什么力量也阻挡不了它的前进。用行刺的手段来阻止历史的进程,不过是梦想而已。

春秋战国时期历史总的趋势,是从诸侯割据称雄到全中国的统一。当时由于社会经济不断向前发展,经济联系越来越密切,社会上的新兴阶级要求废除诸侯割据,建立统一的政权。秦国是当时先进的国家,担起了这一伟大的历史任务。荆轲死后的六年中,秦国又陆续把魏、楚、燕、齐四国灭掉,结束了五百多年的混乱局面。

公元前221年,秦始皇完成了统一中国的伟大事业,创造了中国历史上第一个中央集权的封建帝国。

附:大事年表

公元前770年　周平王东迁洛邑

前656年　齐桓公率中原诸侯南征楚国　召陵之盟

前638年　宋楚战于泓,宋败

前632年　晋楚战于城濮,楚败

前597年　晋楚战于邲,晋败

前546年　商丘息兵大会

前506年　吴军攻入楚国都城郢

前496年　吴越战于槜李,吴王阖闾伤死

前494年　吴王夫差败越于夫椒,越王勾践被俘

前473年　越灭吴

前403年　韩、魏、赵正式成为诸侯国

前359年　秦孝公任命商鞅为左庶长,下令变法

前350年　秦迁都咸阳

前340年—前278年　屈原生卒年

前279年　秦赵会于渑池

前 278 年　秦国大将白起攻破楚国都城郢
前 260 年　秦国大将白起大破赵军于长平,活埋降卒四十万
前 227 年　荆轲刺秦王,未成
前 221 年　秦始皇统一中国

明清的故事

红巾军大起义

1279年,元朝把南宋灭亡了。

元朝统治者在中原广大的土地上称皇称帝,对中原人民进行野蛮的血腥统治。土地被掠夺了,大批的人沦为奴隶。自由被剥夺了,人民担负着苛重的赋役,遭受着高利贷的盘剥,重重压榨逼得人们气都喘不过来;武器被收缴了去,私藏私造刀枪的要处死刑,连切菜用的刀也得五家合用一把;夜晚戒严时,禁止通行,四处一片漆黑,老百姓被关在屋子里,灯火也不准点。生活在这样岁月里的人们多向往着光明啊!

那时候,弥勒教和白莲教盛行,教徒们借着传教的名义向老百姓宣传,叫大家齐心协力,推翻吸血的元朝政府。他们到处散播着"弥勒下凡,明王降世"后,黑暗就会消逝,光明就会照临大地,人民就可以过安居乐业的自由幸福生活。这美好的憧憬吸引了千千万万的人,人民期待这种理想的世界早日出现,并且为实现这种理想不断地对元朝的残酷统治进行前仆后继的斗争。

元朝末年,连年发生灾荒,人民生活本来已痛苦不堪,现在更是生活在水深火热之中。黄河大决口是大风暴的信号。1351年,大规模的起义在黄河岸边爆发了。

密密麻麻的人群向前蠕动着,春夏之交的太阳晒得脚底下的土地热烘烘的,尘埃随着人的脚跟飞扬起来,人们愈走愈热,有的脸上冒出了汗珠。这浩浩荡荡的一群是被元朝统治者强迫征集去治理黄河的十七万民夫。

这批被强拉来的民夫拼着命干活,可是连饭都吃不饱,经常挨饿,大部分的修河经费都进了河官们的腰包,民夫们一个个又怨又恨。

白莲教首领韩山童看到这种情况,就抓住时机派了几百个教徒混到民夫当中,到处散布童谣:"石人一只眼,挑动黄河天下反。"鼓动人们起来反抗残暴的异族统治者。韩山童一面在民夫中进行宣传工作,一面暗地里叫教徒凿个石人,刻上一个眼睛,偷偷地埋在黄陵岗(河南兰考县东北)附近。

一天,开河开到黄陵岗地方,民夫们挖土碰到一块大石头,挖也挖不动,等把旁边的土刨清了,搬出来一看,原来是个大石人。那石人脸上只有一只眼睛,大家惊奇极了,分明是那两句话已经应验,于是一传十,十传百,很快传遍了整个工地。

准备工作做得差不多了,白莲教为了进一步广泛地发动起义,就假称教首韩山童是宋朝皇帝的子孙,应当做中国的君主,刘福通是宋朝大将的后代,应当帮助旧主恢复江山。

河北白鹿庄(今河北永年)聚集了三千信徒商讨起义大事,大家推举韩山童做"明王",约定起义的日期,并且分别派人到各地联络,到时候大家头上裹一块红巾做记号。

不幸,消息走漏了,韩山童被捕遇害,他的儿子韩林儿在慌乱中逃到山林里躲藏了起来。

刘福通逃到颍州(今安徽阜阳),眼看事情已经泄露,不能再等待,就赶紧整顿队伍发动起义。只一个月的时间,起义军攻占了黄河淮河之间好几个城池。黄陵岗沿河的民夫得到了起兵的信息,纷纷参加到起义军里来,一下子这支队伍就发展到五六万人,声势十分浩大。起义军都用红布包着头,因此叫作"红巾军"。

红巾军大起义的消息迅速传布开来,各地人民纷纷起来响应,元朝政府大大惊慌了,赶紧调动了六千名绿眼睛的回回阿速军进攻颍州。这支军队是元兵中有名的精锐部队,非常骁勇,按说可以对付一下红巾军了,可是享乐腐化的生活腐蚀了他们,勇气消尽了,纪律坏到极点。

阿速军在颍州附近遇上了红巾军,见到红巾军队伍严整,士气高涨,吓昏了,领头的将官连声喊道:"阿卜,阿卜……"调转马头逃走了。——"阿卜"的意思就是走,主将跑了,全军逃了回去,这支所谓"精锐"部队丑态毕露。

元政府又调集了更多的军队攻打汝宁(今河南汝南),也先帖木儿率领三十万大军来到城下,不敢和红巾军交战,拍马就走,地方官怕他跑了,一把拉住马缰绳,也先帖木儿急了,拔刀砍过去,大声说:"我不要性命?"大家都要性命,三十万大军顿时溃散。

红巾军纪律严明,攻下城池后就打开粮仓救济穷人,人民从心底里拥护红巾军,感谢红巾军,红巾军的队伍日益发展,声势越来越大。

1352年,定远(今安徽定远)的白莲教首郭子兴,在一个伸手不见五指的夜里,带领了几千人偷偷地猛烈袭击濠州城(今安徽凤阳),元军慌了手脚,乱成一团,城池顺利地被起义军占领了。濠州附近驻扎着元军,他们想攻打郭子兴,夺回城池,可是给红巾军的威势吓昏了,不敢动手。

濠州城门口站着雄赳赳的守兵,他们详细盘问着每一个进出城门的人,为的是怕有元军奸细混进城来。

一天,城门口来了一个面貌丑怪的和尚,大模大样地直朝城里闯。

"喂,做什么的?"一个看起来很精灵的守兵拦住他的去路。

"进城。"

"进城干什么?找谁?从哪儿来的?"

"找郭元帅。"回答得非常干脆。

守兵把和尚上下打量了一番,只见他穿得破破烂烂,头上歪歪斜斜包了一块红布。

"你从哪儿来的?找郭元帅做什么?"

不回答,还是朝城里闯。

守兵们拦阻不住,双方争吵了起来。他们怕这丑和尚是元军的奸细,不由分说,几个人七手八脚把他捆扎得结结实实,不容他挣扎一下。

这个大胆的丑怪和尚究竟是谁呢?

从小和尚到大皇帝

濠州城门口给捆绑起来的丑和尚就是朱元璋,后来他做了明朝的开国皇帝。

朱元璋是濠州乡下人,家里非常穷苦,很小的时候就给地主家放牛放羊,过着半饥半饱的生活。十七岁那年,家乡淮北一带发生大旱灾,接连几年不下一滴雨,土地开裂得处处是缝隙,树皮草根都被吃光了。谁知祸不单行,瘟疫又流行起来,他的父亲、大哥、母亲,一个接一个地染病死了。饥饿时刻逼迫着朱元璋,为了糊口,为了活下去,他进了家乡的皇觉寺,当了一名小和尚。

灾荒实在太严重了,连皇觉寺也因收不到租米,维持不下去。朱元璋在寺里待了不到两个月,只好离开寺院出去做游方和尚。几年来,他在淮西地方流浪,过着乞讨的生活。这一带本是弥勒教盛行的地区,由于生活的折磨和煎迫,他在流浪的岁月里接受了抗元的思想。如今,一听到家乡有起义军,他就一股劲儿地赶来,准备投身到起义队伍里去。他哪儿想到守城的兵士竟把他误认是元军奸细而捆绑起来呢?

城门口围着好些人,七嘴八舌闹哄哄的。突然,人丛中不知是谁喊了一声:"郭元帅来了。"

顿时,鸦雀无声,只听到"得……"一片马蹄响。

人群分散了开来,骑在前面白马上的郭元帅跨下了马鞍。

丑和尚站在元帅面前回话,说是来投效起义军的。

元帅上下打量着他,心想:"长得虽丑,可是粗眉大眼长方脸,倒很威严,尤其那突出来的下巴颏儿,更给人增加威武的感觉。"看到这副相貌,郭子兴已有几分喜欢,又看他身体魁梧,二十来岁模样,就叫人给他松绑,带进城去。

郭子兴把朱元璋收做自己的亲兵。

郭子兴的眼力不错,朱元璋毕竟是个不平常的人,他很有才干,做事很果断,作战很勇敢,郭子兴非常宠信他,把自己收养的女儿马氏嫁给了他。郭子兴死后,部队就归朱元璋统率。

朱元璋十分注意军队的纪律,因此,得到人民的拥护。

当时,起义军的中心力量是刘福通率领的红巾军。1355年,刘福通找到了韩山童的儿子韩林儿,在亳州(今安徽亳州)建立反元的政权,拥立韩林儿做皇帝,又号"小明王",国号叫宋。隔了一年,刘福通分派几路人马大举北伐,势如破竹,元军纷纷败退,攻克了许多地方。刘福通自己攻下了汴梁(河南开封),把它定为国都。

小明王的军队在北方与元军进行激烈的搏斗,给了朱元璋很好的空隙。朱元璋掌握住这个好时机,率领大军渡过长江,攻占集庆(南京),把元朝的集庆路改称应天府,作为发展势力的根据地。

朱元璋非常明了当时的形势,认为要向外发展夺得天下,首先得巩固根据地。于是,他采取了一系列的政策:兴水利,屯田,发展农业生产,革新政治,训练军队……没有几年,就成为一支强大的力量。

那时候,与朱元璋地盘接境的是占据江西湖广的陈友谅,和占据江南沿海的张士诚。陈友谅疆土广,兵力强,张士诚国力富。一个在东,一个在西,要是他们联合起来夹攻朱元璋,那就非常危险。朱元璋了解自己的处境,决定采取各个击破的方法,先打垮陈友谅。

陈友谅兵力强大,一心想吞吃掉朱元璋。1360年,陈友谅亲自率领水陆大军,浩浩荡荡进攻应天,来势凶猛,应天人惊慌万分。朱元璋自己呢？很是沉着。

四周静悄悄的，一阵细碎的脚步声划破了静寂。守夜兵士提着明晃晃的刀枪，押着一个老头儿走进陈友谅的大营。

灯光映着陈友谅的面孔，灰溜溜的，叫人害怕。

"哪儿来的？"声音很严厉。

"有机密事报告。"老头儿低着嗓子坦然地回答。

陈友谅挥了挥手，兵士退了出来。

老头儿递上朱元璋部将康茂才的亲笔降书，说道："康将军准备在您攻打应天时，作为内应。"

陈友谅本来认识康茂才，见到他派人来约降，高兴得不得了，就笑着问康茂才的心腹人："他在哪里？"

"把守江东桥。"

"石桥还是木桥。"

"木桥。"

陈友谅兴奋地说："你回去告诉康将军，说我亲自带兵到江东桥，喊'老康'作信号。"

骄傲轻敌的陈友谅哪儿会想到这是朱元璋和康茂才定下的妙计！

朱元璋摸清了陈友谅的进军路线后，设下了埋伏，派遣一支军队截断陈友谅的后路，并且连夜偷偷地把木桥改成石桥。

陈友谅兴冲冲地带领军队来到江东桥，一看是座石桥，知道不妙，连忙亮起嗓子喊了几声"老康"，没有人答理。正想退兵，只见山上黄旗一招，一声呐喊，四周拥出了无数伏兵。这一仗，把陈友谅的军队打得落花流水，陈友谅狼狈冲出重围。朱元璋乘胜收复失地，并且攻占了江西一带大片土地。

陈友谅上了这么个大当，恨透了朱元璋。1363年，他又率领号称六十万的大军大举进攻洪都（江西南昌），洪都将士上下一心，英勇抵抗，激战了八十五天,城池还是牢固地守住。朱元璋率领了二十万大军来救援,迫得陈友谅解围,两军在鄱阳湖展开了空前激烈的水战。

鄱阳湖上战船如云,战鼓喧天,杀声动地,平静的湖水被震得抖擞了起来。

陈友谅的战舰比朱元璋的大得多,朱元璋却集中力量采取"火攻",用火炮轰击敌军的大战船。

"火,火……"有只战船着了火,黑烟飞扬,呛得人张不开口,迷得人睁不开眼。

"快救啊……"

船上的士兵乱成一团,挤来挤去,有的跌下水去,有的在挣扎着,想爬上别的船只。

"啊呀,又起了火!……"陈友谅慌了,赶紧下令撤退。

火像毒蛇舌头一样,无情地卷噬着许多船只。风,给朱元璋助着威,又像在给陈友谅奏着哀歌。朱元璋威武地站在船头,镇静地指挥着。士气旺盛极了,越战越有劲,越战越灵活,大战了一个多月,可从来没有得到像今天这样大的胜利。

一只载着陈友谅的战船,慌忙向湖口冲去。

"不要让他逃走……"迎面一艘战船拦住了去路,后面又有战船飞驶过来。

陈友谅把头伸到船舱外面去察看形势。"嗖……"飞来一箭,不偏不倚,正射中脑袋,陈友谅倒了下去。头儿完蛋了,全军像天崩地塌一样不可收拾。陈友谅的儿子陈理急忙逃回武昌。

这一场水战奠定了朱元璋统一南部中国的基础。第二年(1364)的二月,陈理被迫投降。朱元璋并吞了陈友谅的疆土后,整顿队伍,回军攻灭了张士诚,并且陆续消灭南方的许多割据势力,基本上统一了南部中国。这时候,刘福通早已败死,北方的红巾军由于连年和元军激战,势力渐渐削弱,没落下去。

1367年,朱元璋派遣大将徐达、常遇春率领二十五万大军分路北伐。第二年,正式建国,国号大明,定都南京。

北伐军提出了鲜明的民族斗争口号:"驱逐胡虏,恢复中华。"这口号说出了人民埋藏心底已久的话,人民要雪耻,要泄恨,纷纷起来响应。北伐军出师不到几个月就平定了山东,接着由山东攻取河南,很快平定了河南全境。

1368年五月,朱元璋亲自到汴梁(河南开封),部署进攻大都(北京)。这一年的闰七月,徐达、常遇春在临清会集各路大军沿着运河北进,接连攻克德州、通州(今北京通州区)。元朝皇帝看到情势危急,元军毫无斗志,大为恐慌,就在二十八日夜里带着后妃太子一溜烟逃往上都(内蒙古多伦县西)去了。八月二日,北伐军进入大都。自从石敬瑭把燕云十六州割让契丹以后,名都燕京(北京)沦陷了四百三十年,到这一天重新回到了祖国的怀抱。

胜利接连着胜利,北伐军进军神速,腐朽不堪的元朝政府瓦解了。以后,朱元璋又陆续平定了元朝的残余势力和地方割据势力,完成了统一全中国的事业。

这是中原人民英勇奋斗、千百万劳动人民流血斗争的结果,朱元璋是这个伟大斗争中的组织者和领导者。

当然,朱元璋做了皇帝以后,仍然和历代的封建皇帝一样,也是骑在人民头上,做了全国最高的统治者。

三保太监下西洋

经过元朝末年连年的战争,社会生产破坏了,田地荒芜,人口稀少,景象十分凄凉。为了巩固统治,明太祖采取了一系列恢复农业生产的措施:移民开垦荒地,积极兴修水利,减轻赋役负担。同时,还想了一些办法来恢复手工业和商业。因此,在明太祖统治的三十年间,社会经济得到恢复,并且有了一定程度的发展。

1398年,明太祖死,皇族内部发生了争夺皇位的冲突。事情是这样的:太子早死,明太祖死后,太孙允炆继承了皇位,就是建文帝。拥有强大兵力的燕王(建文帝的叔叔)不甘心,1399年七月起兵夺取皇位,把建文帝从皇帝的座位上赶了下来,自己做皇帝,他就是明成祖。南京城破的时候,建文帝下落不明,据说是流落到海外去了。明成祖即位后,派遣郑和带领一支舰队到海外查访建文帝的下落。

其实,查访建文帝的下落只是借口而已。因为明朝到了明成祖统治的时候,社会经济已经有了很大的发展,耕地面积增加,农业生产技术有了改进;农业发展了,手工业也有了长足的进步;生产规模扩大,产品增加,商业也繁荣起来。商品经济的发展,进一步要求扩大市场,在这种情况下,明成祖派遣了强大的舰队下西洋,发展海外贸易。当时所谓"西洋",就是以现在的南洋群岛为中心,从婆罗洲以西,到印度洋和非洲东岸的地区。率领这支庞大舰队的,是我国历史上著名的航海家郑和。

郑和本来姓马,云南昆阳(今云南晋宁昆阳街道)回族人,被阉割后进入宫廷,明成祖把他改姓为郑。郑和很能干,在与建文帝的战争中,立下了功劳,明成祖十分赏识他,把他升做太监。宫廷里大家叫他三保,因此一般人就叫他三保太监。

明成祖要派人到西洋各国去访问,心里想叫郑和去,他探问左右的人:"我叫三保领兵好不好?"

左右回答说:"三保智勇双全,内侍中谁也比不上他,他是担当得了这个重任的!"

郑和确实担负起了这个重大的任务,在将近三十年的时间内七次下西洋,在海洋上与惊险的风涛搏斗,遍历了当时"西洋"各国,克服了种种难以克服的困难,完成了惊天动地的大事业。我们从下面的故事中就可以看出郑和与他率领的人们的机智和勇敢。

1405年,郑和率领了一支庞大的舰队从苏州刘家港出海。这支舰队共有六十二只大船,船身长四十四丈,宽十八丈,是当时世界上少见的大船。船上满载着五花八门的商品,还载着二万七千五百多名士兵,其中包括各色各样远程航海所需要的人才。

航行开始了,这支整齐壮观的舰队给海洋增添了不少色彩。在辽阔的海洋上,舰队战胜了惊涛骇浪,奋勇前进,两年多的时间,遍访了南洋群岛各个国家,一直到印度半岛南端的古里才往回行。

回来的路上经过苏门答腊岛东南端的旧港。旧港的酋长陈祖义,广东人,专门劫掠往来的商船,大家对他的海盗行为非常痛恨。郑和来到这里后,向他招降,他表面上接受了,暗地里另有打算,想去抢劫舰队上的财物。郑和兵力强大,他不敢明目张胆地进攻,打算找个机会偷袭。这个阴暗的企图给施进卿知道了,施进卿悄悄地向郑和告密。

郑和撒下了天罗地网,叫陈祖义乖乖地钻进来。

陈祖义以为郑和被自己骗过了,心里万分得意,就挑选了一些精悍的兵士,乘着小船,飞快地向郑和袭击。

小船靠近舰队了,舰队上静悄悄地,一点声息也没有。陈祖义好欢喜啊,大船上没有防备,眼看大批财物马上就是自己的了。哪知道,就在这当儿,一声炮响,舰队像睡熟的人突然醒了过来,四面八方反击陈祖义,刀箭和枪炮摧毁了陈祖义的好梦,陈祖义给活捉了,他手下的一群人有的被打死,有的淹死在水里。

郑和七次出使海外,到达三十多个国家,最远到过非洲南部,发展了明帝国和亚非各国之间的贸易关系,也促进了各国之间的文化交流。这样伟大的成绩是全国人民辛勤劳动和智慧的结晶。劳动人民创造了大量财富,国内工商业发展,才有雄厚的经济力量做航海的基础;罗盘的使用、宝船的建造、水手们的英勇、士兵们的顽强,是航海取得胜利的重要原因。航海事业的辉煌成就,充分说明了我国人民的勤劳勇敢和大无畏的精神。

郑和的航海是世界航海史上空前的壮举:就时间来说,比欧洲早期的航海家如哥伦布等要早几十年;就规模讲,欧洲早期的航海活动更是望尘莫及。在这几次航海中,郑和起着领导和组织的作用,他不愧是个伟大航海家和沟通世界文化的先行者。

一场生死存亡的斗争

元朝统治者被明太祖赶出长城后,还保存着相当强的实力,他们常常引兵侵扰明帝国的边境,巩固北方的边防对明帝国说来有着重要的意义。

明朝的国都本来在南京,为使北方边防巩固,明成祖把国都迁到北京,又先后五次率领大军出长城,进攻敌人,解除边境的威胁。明成祖以后,政治渐渐腐败,边防逐渐松弛下来。

15世纪50年代左右,蒙古族的一支——瓦剌强盛起来,不时向南骚扰,威胁着明帝国北方的安全。

1449年七月,明朝与瓦剌发生了冲突,瓦剌的领袖也先乘机大举入侵,分四路进攻。也先亲自率领主力军进攻大同(山西大同),大同的守将出城迎战,被敌军打得大败,死伤四万人马,情势紧急万分。

随着边境情势紧急,朝廷里也骚动起来了。怎么来处理发生的事变呢?大臣们议论纷纷,提出了不少主张,当时的明英宗却都不采纳,他听信的只是太监王振的话。

王振百般操纵英宗,劝英宗亲自征讨瓦剌军,为御驾亲征找出种种理由。昏庸的英宗被糊弄了,以为亲征可以立刻击败瓦剌,可以大大逗一逗大明天子的威风。大臣们虽再三劝谏,英宗就是不听。

说来好笑,王振是否真是为国家打算?真正了解敌我的情况呢?不是。相反,他想的是另外一些事:

"我是蔚州人,蔚州靠近大同,大同失陷,家乡就要遭到骚扰,因此必须赶紧击败瓦剌;再说,皇帝亲征,我可以借此机会大大耀武扬威一番。"他就是这样的把战争看作儿戏,看作自己显名邀功的手段。

糊涂的英宗听了王振的话,带领五十万大军威风凛凛地出征,跟从出征的还有大批官员。一路浩浩荡荡由北京出居庸关经宣府(今河北宣化),向大同进发。

大同城外一片荒凉,路上躺满了尸体,加上连日狂风暴雨,兵士们又饥又寒又恐惧,前线又不时传来失败的消息,军心大乱。这时,王振已吓得惊慌失措,决定退回北京。

退兵的时候,王振请皇帝绕路从蔚州经过,好在家乡显显自己的威风。大军向蔚州进发,走了四十里光景,王振忽然想起大军过境会踏坏自己家乡的庄稼,于是又下令改道从宣府走。这样弯来弯去,耽误了许多时间。

瓦剌趁这空当儿,飞快追赶上来。明军边战边退,死伤惨重。一下子就从宣府退到土木堡(今河北怀来),瓦剌军紧紧地跟在后面追。

土木堡地势高,掘地二丈多深还得不到水,军队两天弄不到水,人马饥渴不堪。瓦剌军像蝗虫似的,越来越多,越聚越密,他们看到明军饥渴的情况,就施了一个诡计,假装和明军讲和。

王振本是个饭桶,根本不懂得怎样打仗,如今见瓦剌军要讲和,信以为真,以为有机会喘一喘气了,就下令叫大军移近水源。这一移可糟了,阵势动摇,瓦剌骑兵乘势从四面八方冲过来,杀气腾腾,挥着长刀乱砍,一面高声嚷着:"解甲投刀的不杀!"

明军被这突如其来的袭击吓昏了,纷纷卸甲奔逃,自相践踏,倒了下去的再也爬不起来,鲜血染红了土地。

明英宗拼命往外逃,左冲右突冲不出重围,被活生生地捉了去。就在这时候,明朝的一个将军举起铁锤向王振狠狠锤去,大声喊道:"我替天下人杀死你这个恶贼!"接着,冲进敌军,杀死十几个敌人,自己也英勇牺牲了。那位为民除害的将军,名叫樊忠。

这就是历史上有名的"土木之变"。明军损失惨重,五十万大军不是战死就是逃散,从征的大臣武将死了几百,只有很少几个狼狈逃脱。

三天以后,惨败的消息传到了北京。当时,北京的精兵都被皇帝带到前线打垮了,京城里留下来的兵马不满十万,又大多是老弱残兵,有的兵士连盔甲也没有,城防空虚,人心惶惶。官员们纷纷将家眷和财物运送到家乡去,恐怖气息笼罩着北京城,窒息着北京人民!

英宗被俘,明朝没有皇帝了,皇太后立英宗的弟弟朱祁钰监国(暂时代理皇帝管国家大事)。

朱祁钰召集文武大臣商讨国事。面临这种局势,平时一贯养尊处优的大臣们都慌作一团,拿不定主意,只是聚在一起哭泣。

大臣徐珵说:"我看了星象,查了历书,大势已经无法挽回,只有赶快南迁,才能避免大祸。"

说罢,就有很多人叽叽喳喳地随声附和起来。

"谁提议南迁的应该斩首!"兵部侍郎①于谦厉声斥责说:"京师是天下的根本,绝对不能放弃,我们应该以宋朝南渡的事作为教训。现在只有把各地的军队召集起来,誓死保卫京师!"

于谦的正确提议,得到主张抗战的官员们的拥护,朱祁钰和皇太后采纳了他的意见,并且提升他为兵部尚书,交付给他抵抗瓦剌侵略、保卫京师、保卫祖国的重大任务。

于谦接受了任务,立刻调集各地军队来保卫北京。当时,通州官仓里储存着大量的粮食,一时搬运不及,为了不落在敌人手里,有人主张把它烧掉。于谦考虑再三,出了个主意,请朱祁钰下道命令:文武官员

---

① 中国古代武官名,兵部尚书之属官,隋始置,唐以后各朝相沿。

预支九个月的俸粮,兵士预支半年饷粮,各人到通州仓去领取。同时又征用五百辆大车运粮进京。这一来,通州粮仓运空了,京师的粮食也充足了。

为了平息民愤,激励士气,于谦诛灭了专权祸国的太监王振的全家,杀尽王振的奸党。经过了于谦的筹划,北京的保卫工作渐渐有了头绪,人心也逐渐安定下来了。当时就有无数青壮年应募投军,参加保卫京师的战斗。

这年九月,朱祁钰在群臣拥戴下做了皇帝,他就是明景帝。

也先阴险毒辣,本来想假装和明朝讲和,逼迫明朝用大量金银来赎皇帝,现在看到明朝立了新皇帝,知道讲和不成,就挟着英宗大肆进攻,绕过大同,攻破紫荆关(河北易县西),直逼北京城。敌军来势汹汹,气焰万丈,有人主张全军退守城内,避一避敌人的锋芒,于谦坚决反对,他说:"退守不得。对敌人示弱,敌人就更加骄横,必须给他们迎头痛击,杀杀他们的威风。"

于谦率领了二十二万人马,在北京城外摆好阵势,下令把各城门关闭,表示誓死抗敌的决心,并宣布临阵的军令:交战时将官不顾士兵先退的,斩将官;士兵不听指挥后退的,后队斩前队。

于谦头戴铁盔,身披甲胄,骑马巡视阵地,他再三对将士讲述杀敌救国的道理,讲得舌干唇燥,讲得热泪流出了眼眶。将士们被他一片赤诚忠心感动了,满腔热血沸腾着,一个个决心誓死杀敌。

瓦剌的骑兵来到北京城下,看到明军军容严整,不敢进击。于谦乘敌军远路而来,不给他们喘息的机会,杀了过去,打得瓦剌先锋部队大败。夜里,于谦又派人偷偷地袭击敌营,消灭了好些敌人。

也先本来趾高气扬,以为马上就可以攻下北京城,现在尝到了滋味,知道事情不好办,就假意要讲和。狐狸总是狡猾的,于谦早料到了。

讲和不成,瓦剌军继续进攻。

于谦预先派兵埋伏在城外的空房子里，派一小队骑兵应战，战一阵，败一阵，接二连三地朝后退，敌人高兴极了，一万多骑兵狠狠跟在后面追。突然，一声号令，城头上火炮齐发，吓得战马乱蹦乱跳，敌人慌了手脚；伏兵从背后空房子里杀出来，城下的明军冲过去，前后夹攻，杀声震天，打得敌人丧魂落魄，纷纷溃退。

　　北京的老百姓也非常勇敢，他们配合官兵打击敌人。有一次，敌军冲到土城下面了，老百姓爬上屋顶，高声呼喊，为官军助威，并且拿起砖瓦和石块来投击敌人。

　　激烈的战争进行了好几天，瓦剌军接连吃败仗，死伤惨重。京师附近的民兵不时袭击敌军，各地的部队又都纷纷向北京集中，也先看到形势不妙，怕自己归路被切断，就偷偷地撤退。

　　明军觉察了，于谦派兵追击，用火炮袭击敌人，打死敌人一万多。敌军丧了胆，带着英宗，狼狈逃去。

　　京师保卫战取得了辉煌的胜利，于谦继续整顿军队，部署战守，明朝国防逐渐巩固起来了。

　　后来，也先又几次进攻明朝，都被打退。他看到明朝坚决抗战，知道用英宗作为讲和的资本是白费心机，就把英宗送了回来。不久，瓦剌内部分裂，互相纷争，衰落了下去。

戚家军平倭

明帝国的沿海经常遭到倭寇的侵扰,特别是工商业发达的东南沿海地区,受的祸害更是严重。

在西汉时日本称为倭国,历代与中国有往来。明朝初年,日本正处在南北朝封建分裂的混战时期,长期内战中的许多溃兵败将以及逃避横征暴敛的人们,逃亡到海上,与明初亡命海外的人相勾结,不断侵扰中国沿海州县。这就是"倭寇"的由来。

明朝初年,倭寇虽然不断向中国沿海劫掠,但是,那时明帝国沿海防御力量比较强,倭寇每次来侵袭,都被明军打退,所以倭患还不十分严重。到了15世纪中叶以后,随着明帝国的政治腐败,沿海防御力量逐渐削弱,倭寇的祸患愈演愈烈,到了16世纪,达到了极其严重的程度,有时六七十个倭寇,深入内地几千里的地方,随便烧杀抢劫,甚至杀几千人也遇不上明军的抵抗。

1553年,倭寇在沿海一带奸商豪门的引导下,发动了大规模的进攻,浙江东西,大江南北,沿海千里顿时处于紧急状态。

倭寇到处掠夺财物,肆意屠杀人民,残暴到灭绝人性!

倭寇的侵犯给中国人民带来了深重的灾难,生产被破坏了,生命财产毫无保障。人们痛恨侵略者,纷纷组织起来,英勇地保卫自己的家乡。抗倭名将戚继光和俞大猷就是依靠人民的力量组织新军,完成歼灭倭寇的伟大事业的。

当时，倭患最严重的地区是江浙一带。1555年戚继光由山东调到浙江，镇守宁波、绍兴、台州三府和所属各县。

那里的兵士哪里还像个兵士？老的老，弱的弱，病的病，行动散漫。这样的军队能有什么战斗力？看到这种情况，戚继光立刻着手训练新军。

他在金华、义乌等地招募了三四千农民和矿夫，加以严格的训练。根据江南的地势和敌军战斗的特点，他创造了有名的"鸳鸯阵"，使各种兵器有效地配合，组成了一个富于战斗力的作战单位。他叫不同年龄、不同体格的士兵，使用不同的武器，充分发挥士兵的长处。

戚继光很注重军队的思想教育。他教导士兵爱护老百姓、保护老百姓的道理。他经常和士兵们谈："你们在家，哪个不是种地的老百姓？只要思量思量在家种地时纳粮的苦楚和艰难，就会明白现在吃饷是多么容易。不要耕，不要种，只希望你们好好杀敌。你们不肯奋勇杀敌、保障老百姓的安全，老百姓养你们做什么？"

经过严格的训练，新军很快成为一支纪律严明、百战百胜的劲旅，这就是名闻天下的"戚家军"。

1561年四月，几千倭寇进攻台州海边的桃渚和圻头，声势很大。戚继光得到消息，立刻带领精锐的新军去抵挡，猛烈打击敌人。

倭寇很狡猾，打听到戚家军大部分开赴前方，台州兵力单薄，就偷偷袭击台州。戚继光回军抵抗，双方在离开台州二里的地方展开了大战。戚家军个个生龙活虎，倭寇支持不住，狼狈奔逃，戚家军紧紧跟在后面追击，杀得敌人片甲不留，这支侵犯桃渚的倭寇就这样很快被歼灭了。

桃渚的敌人刚被消灭，圻头的倭寇又来进犯台州，戚家军再接再厉在台州东面大败敌人。敌人吃了苦头，慌忙撤退。

一支歪歪斜斜的队伍出现在山里的小道上，有的慌慌张张，有的没精打采。突然,一片呼喊声,两旁跳出许多兵士来,只见他们列成鸳鸯阵从山上狠命地向下冲,倭寇吓坏了,四散奔逃。逃又有什么用呢?戚家军早就布置好了,这些残兵败将和桃渚倭寇一样,遭到了被歼灭的命运。

台州大战中,戚家军前后打了九仗,仗仗胜利,斩杀了一千四百多个倭寇。在这一年内,进犯浙东的倭寇全部被扫平了。为了更好地抵御敌人,加强海防,戚继光又招募了二千人补充新军,这一来,戚家军扩充到了六千人。

这时候,福建的倭寇又猖獗起来,沿海各地都有他们的踪迹。倭寇在宁德城外的横屿扎下了大本营,不断向外烧杀掠夺。后来又有大批新倭寇在福建的牛田地方驻扎下来,与兴化附近的倭寇互相策应。形势十分严重,朝廷调动戚继光率领军队去福建剿倭。

1562年,戚继光率领精兵六千进入福建,在宁德驻扎下来。戚继光小心谨慎,周密地研究了敌情,决定首先攻破横屿,乘胜破牛田,最后歼灭兴化附近的敌人。

横屿离开宁德海边有十里路,涨潮时四面是水,成了个小岛,潮落以后,四面都是泥沼。这样的地势,从陆上进攻非常困难,从海上进攻也很不容易。走吧,脚踩下去拔不出来,行船吧,要搁浅。要歼灭这里的敌人真是困难万分。

戚继光苦苦思索,想出了一条计策来,决定从陆上进攻。他关照士兵每人准备好一大捆稻草,听候命令。

潮水落了下去,浅滩显露出来,横屿又跟大陆连在一起,泥泞不堪。就在这时候,戚继光悄悄儿带领着军队向横屿进袭。士兵们一面用大捆的稻草铺路,一面爬着前进。

倭寇们以为自己处的地势优越,戚继光怎么也打不进来。防备很不严密。现在,戚家军蓦地出现在面前,像潮水一般涌上来,倭寇措手不及,惊慌失措。戚继光身先士卒,沉着地指挥士兵们猛烈攻击,接连克服了好几处隘口,杀得倭寇头昏眼花,乱撞乱窜,最后完全攻下了这座倭寇的大本营,斩杀敌人二千六百多人。

横屿的倭寇一消灭,戚家军连忙开拔到福清。

横屿一仗杀得倭寇胆战心寒,倭寇急于要知道戚家军的动向,好作应战的布置。

戚继光心里早已打定主意,乘着福清人民热烈欢迎戚家军时,就扬言说:"我们军队从远地方来,得好好休整一下,最近不打算打仗了。"

刚打了这么个大仗,又从老远的地方开拔来,是需要好好休整一下啊!倭寇信以为真了,没有很好地加以防备。

夜降临了,戚继光利用敌人的麻痹,突然袭击牛田,分成三路围攻。倭寇仓皇应战,边战边逃,被戚家军打得落花流水,只有少数逃到了兴化。

戚家军稍微休整了一下,又乘着一个漆黑的夜晚,偷偷地进攻兴化附近的倭寇大本营,一口气打下了敌人营垒六十多座,杀死倭寇一千几百人,烧死和淹死的更多。

东方发白,天渐渐亮了,戚家军凯旋,开进兴化城。这时候,老百姓才知道附近的倭寇已被歼灭。大家高兴极了,杀牛送酒慰劳戚家军,路上挤得水泄不通。

戚继光在福建胜利地完成剿倭的任务以后,领兵回到浙江。

倭寇看到戚家军走了,在1562年年底,又大举侵犯福建沿海各县,用计攻下了兴化,大烧大杀,老百姓又遭了殃。接着,倭寇又占领了福建北部的几个城,朝廷只得又调遣戚继光和老将俞大猷前往救援。

戚继光接到命令,在1563年二月,亲自到义乌一带招募民兵一万多人,补充兵力。福建的形势紧急万分,不容许戚继光有充裕的时间训练军队,只得一面进军,一面训练。

　　戚继光和俞大猷联合向倭寇猛攻,收复了兴化城。此后又陆续地把福建各地的倭寇剿平。1564年秋,倭寇进犯广东,也被俞大猷和戚继光的部队剿灭。这时候,危害我国人民几十年的倭寇终于给肃清了。

阉党和东林党

在本书第四章"一场生死存亡的斗争"那一段文字里我们看到了太监王振炙手可热的权势,的确,明朝宦官的祸害就是从王振开始严重起来的。

明朝开国时,明太祖看到历代宦官的祸害,曾经铸了一块铁牌放在宫门内,上面镌着:"内臣不得干预政事,预者斩。"明成祖赶走侄子,自己做皇帝,其中有宦官一份功劳,就开始信用宦官,但是对宦官还有一定的约束。到英宗时,王振作威作福,肆无忌惮,索性把明太祖立的祖训铁牌也毁了。从此以后,宦官的气焰愈来愈高,早在嘉靖(明世宗的年号)初年,就有人以"咏喇叭"为题狠狠地讽刺宦官:

喇叭,唢呐,曲儿小,腔儿大;官船来往乱如麻,全仗你抬声价。军听了军愁,民听了民怕,哪里去辨什么真共假!眼见的吹翻了这家,吹伤了那家,只吹的水尽鹅飞罢!

这批恶狗掌握了特务组织,借着皇帝的权力,害得许多老百姓家破人亡。

明神宗时,皇帝放出大批太监做矿监、税使,到处搜刮民脂民膏。这批如狼似虎的宦官,满布天下,向老百姓搜刮财物,老百姓受的苦难难以形容。这些宦官不是真正去勘察矿苗、开矿,而是任意把没有矿的地方说成有矿,硬说老百姓的田地里有矿,进行敲诈勒索,他们收税也不一定是收商税,而是把农、工、官吏都当作收税对象。他们手下又养着大批流氓恶棍,到处胡作非为:拆民房,硬说房子下面有矿;掘坟墓,说坟墓下面有矿;其实,只是劫掠殉葬的财物。他们不仅到处敲诈抢掠,甚至任意污辱妇女。

这样的胡作非为弄得天下没有一点儿安宁,严重地妨碍了人民的生活和生产。各地人民愤怒地起来反抗,在有矿监、税监的地方,形成了广泛的市民运动。这里我们只举一件事来说一说。

1601年,驻在苏州的苏杭织造太监孙隆,向苏州的机户勒索商税,激起了织工大暴动。事情是这样发生的:

孙隆的手下人黄建节与当地的恶棍勾结,擅自加税,每张织机要缴三钱银子。勒索实在太重了,各机户纷纷罢织。这一来,几千织工和染工都失业,无法生活。有一个昆山人叫葛成的就挺身出来领导暴动。

暴动者的组织很严密,行动时很有纪律。葛成把参加暴动的二千人分为六队,每队有一个人摇着扇子带领,后面的拿着木棒跟随着,并且宣称只对付收税的恶棍。他们打死了黄建节,把捉到的六七个税官丢在河里,焚烧了那些作恶多端的税棍们的房子。

当地的官员看到这种情形,很是害怕,不得不惩办几个恶棍来平平群众的气愤,知府也亲自出马,再三劝解。孙隆看到群众声势如此浩大,赶紧夹着尾巴,一溜烟地逃到杭州去。

明朝宦官的祸害到了熹宗的时候,已经达到登峰造极的地步。熹宗皇帝实在是个傀儡,魏忠贤才是真正的"皇帝"。

魏忠贤操纵国家大权,当时许多不顾廉耻的官员,拜他为父,自称干儿子,有的竟自称义孙。这些干儿义孙中最著名的是以崔呈秀为首的"五虎",田尔耕为首的"五彪",周应秋为首的"十狗",此外还有"十孩儿""四十孙"等。魏忠贤的这些干儿义孙和他们的走狗形成了广大的阉党，无恶不作。

阉党代表着大贵族、大地主的利益，他们疯狂地掠夺人民，逼得人民无法生活，同时也严重地损害了中小地主和城市工商业者的利益，这样就引起了地主阶级内部越来越多的政治分裂。当时，江南已经是全国工商业最发达的地区，由于大贵族大地主的掠夺，江南地区的经济发展受到了严重的打击。于是，以江南中、小地主势力为中心，形成了反抗阉党专权的政治集团——东林党。

无锡城东有一个东林书院，是宋朝一个著名学者讲学的地方，房屋因年久失修，破烂不堪。1594年，吏部郎中顾宪成罢职回到故乡无锡，当地的绅士出钱帮他修复了东林书院。顾宪成和当时一些有名望的人在东林书院讲学，闲余时常常讨论朝政，批评人物，与朝廷里少数比较正派的官员通声气，互相应和，形成了舆论的中心。

东林党和阉党展开了尖锐的斗争。以魏忠贤为首的反动势力对东林党进行了残酷的迫害，东林党遭到杀害、放逐和监禁。人民对阉党的残暴无限愤恨，都起来支持东林党人。

1626年，魏忠贤派遣旗尉①到苏州捕捉周顺昌，激起了人民剧烈的反抗。

周顺昌是个正直清廉的人，当时已休官回到故乡苏州。他对乡邻很好，大家都爱戴他。三月十五日逮捕周顺昌的旗尉到达了苏州，老百姓听到这个消息，很是愤怒。那几天虽是阴雨，可是每天来探望周顺昌的总有几千人。

照"规矩"，逮捕人时，宣读了诏旨以后就要把"犯人"解走，不得逗留。可是，旗尉们为了向被捕的人敲诈银钱，不肯马上宣读诏旨。周顺昌做官清正，家里没有钱，旗尉们向他勒索时，他愤愤地说："你们要怎

---

① 旗尉：是魏忠贤手下的特务，又称校尉或缇骑。

么办就怎么办好了,我是一文钱也没有!"

周顺昌的朋友怕他在路上吃亏,就凑出一些钱来。哪知道这一来,旗尉们见有利可图,就更凶狠狠地说:"要是不多拿些钱出来,周某人在路上休想活命。"

这样,一拖再拖,过了三天才准备宣读诏旨,群众激愤起来了。

三月十八日是打算宣读诏旨的一天,地点是巡按衙门。市民颜佩韦焚着香满城大喊:"要为周大人申冤的都跟我来。"

满城的人都来了,一片喊冤声,几里路以外都听得见。他们手里点着香,浓烟弥漫着,遮蔽了天空。天本来就下着雨,这一下更显得阴森凄惨。

人们跟在周顺昌后面,拥进衙门替他申冤。人群中忽然有人大声喊道:"周吏部是冤枉的……""魏忠贤是什么东西!……"

旗尉们听了大惊,把银铛往地下一甩,杀气腾腾地叫道:"你们再闹就杀你们的头。"

群众的怒火再也压不住了,大家嚷着,叫着,向旗尉们拥过去;颜佩韦、杨念如、马杰、沈扬、周文元等五人首先动手打去。旗尉们吓慌了,像小耗子一样东逃西窜,有的爬上柱子躲在斗拱里,有的躲进厕所里,有的乱抓东西来遮蔽自己。群众搜出了两个人,打死了他们。有的翻墙逃走,翻过墙又被墙外的人着着实实揍了一顿。这一阵打得旗尉们丧魂失魄,只得叫县官出来欺骗人民说:不解走周顺昌了。果然,群众受了骗,到晚上都散走了。直到二十六日夜里二更时分,在大批军队的保护下,旗尉们把周顺昌偷偷解走,周顺昌终究没能逃出魏忠贤的魔掌,不久,被害死在监狱中。

魏忠贤对这次事变非常愤恨,又很害怕,决心要屠杀苏州人民。为首的颜佩韦等五人知道奸贼不肯罢休,就自动投案说:"杀死旗尉的是我们几个人,与别人不相干。要杀,杀我们五个就是了。"

五个人从容就义,苏州人民把他们合葬在虎丘山旁。

自从发生这次市民大暴动后,吓得阉党再也不敢派旗尉到江南来捉人。但是,这时候东林党人已经被屠杀、放逐得差不多了,而阉党还不断地用各种办法镇压正派人士,闹得全国天昏地黑。

熹宗死了,崇祯皇帝即位,杀死了魏忠贤等一批阉党,一时打击了宦官的势力,东林党又有了执政的机会。但是,贵族大地主的势力仍然强大,统治阶级内部仍是钩心斗角,争权夺利,政治上的分裂越来越严重了。

受着重重剥削的人民,生活在深重的灾难之中。由于在辽东和女真族不断发生战争,军费大大增加,皇帝和官僚过着奢侈生活,尽情挥霍,国库空了,政府就加重田赋的征收;地主阶级又尽量压榨农民,再加上连年灾荒,人民实在难以活下去。当时陕西一带灾荒严重到如此地步:灾民把野草树皮吃光后,只好吃石头粉;吃石头粉不好消化,几天就胀死了。更悲惨的是人吃人,吃过人的不到几天又面目红肿起来,发燥发热死去。人民处在这样悲惨的境地,政府还不顾死活向他们逼收各种赋税。

人们要生存,要找活路,要反抗暴虐的统治者!全国农民大起义的条件逐渐成熟,暴风雨就要来临了。

李闯王

明末农民起义最杰出的领袖是闯王李自成。

李自成是陕西米脂人。这一带地方是一望无际的荒野,人烟寥落,冬天狂风怒号,漫天飞雪。李自成就是在这种环境里成长起来的。幼年时候,家里十分贫困,给地主家放羊,受尽了气,吃尽了苦。苦难的日子磨炼了他,使他成为一个身材魁梧、性情豪爽的人,他能骑马,会射箭,有一身好本领。陕北农民起义发生后,他投奔到当时著名的起义军领袖"闯王"高迎祥部下,称作"闯将"。

当时起义的农民军有许多支,都是分散作战,没有统一的领导,受到官军袭击时,常被各个击破。1635年,农民起义军十三家七十二营的首领在荥阳开会,讨论作战方针。会上意见分歧,讨论好久作不出决定。李自成看到这种情形,怕起义军内部意见不一致,闹分裂,就提出自己的主张,他说:"一个人单独都能英勇作战,何况我们有十万大兵?官军没有什么了不得,我们应该定好进军方向分兵出击。"

大家同意了李自成的意见,分兵五路,其中高迎祥、张献忠和李自成东征河南安徽一带,一直打到朱元璋的老家凤阳,把皇陵焚毁,使明朝政府大为惊慌。

1636年,在一次战斗中,高迎祥中埋伏被俘牺牲了,部下推戴李自成做首领,也称作闯王。

就在那一年,李自成在四川梓潼吃了个大败仗,士兵冲散,仅仅剩下刘宗敏等十八骑突出重围,潜伏在陕西商县东南的商洛山中。过了一些时候,李自成招集部下出山投奔张献忠,没想到张献忠非但不容纳他,反而企图暗害他,无奈只好逃走。谁知逃脱了张献忠的暗算后,又被明军包围在巴西鱼腹山中,经过重重困难,好容易才率领了五十骑冲出重围,逃入河南。

那时,河南连年闹灾荒,人们饿得头晕眼花,无路可走,他们不甘心活活饿死,争先恐后地投奔到李自成手下。这股新鲜血液壮大了起义军,李自成部队很快发展到几十万人,声势又大振起来。

河南杞县有个文武全才的举人名叫李岩,为人慷慨尚义。当时连年灾荒,官府不仅不赈济,还苦苦催逼老百姓交税交粮,人民无法生活,流离失所。李岩同情老百姓的苦难,出来请求官府暂时停收赋税,设法救济灾民,自己带头捐出二百多担米来。官府哪会为老百姓着想？李岩的话根本就听不进去,反而怪他多事。李岩见官府不答应,只好劝当地的富户出来救济饥民,富户们当然也不愿意。他们都认为李岩的举动对自己不利,就想法陷害他。他们说李岩散发家财,收买人心,一意要造反。官府就把李岩关进了监牢。

百姓听说李岩给抓了起来,非常愤怒,大家说:"李公子为了救济我们而受累,我们能忍心吗？"

于是,人民成群结队冲进衙门,杀掉县官,救出李岩,并放走了所有的犯人。事情闹起来了,李岩对大家说:"多蒙你们救了我,可是事情闹大了,无法收拾,我们还是赶紧投到李闯王那儿去吧!"

这支队伍就由李岩率领着参加了李自成的起义军。

在这以前农民军没有明确的斗争目标和方向。李岩提出了"均田"和"免赋"的主张,他解说给李自成听:"要成就大事业,必须爱人民,除强暴,尊重和任用有才德的人。现在,在残酷的压迫下,人人都想起来反抗,我们要收拾人心,就得讲仁义。我们要通告大家,说我们大兵到处,开城门投降的一丝一毫也不侵犯,好的官员仍留任,贪赃枉法的杀头,钱粮只要缴原来的一半,这样,老百姓自然而然就拥护我们了。"

为了宣传起义军的政策,李岩又编了个民谣,到处传唱:

> 吃他娘,穿他娘,
> 开了大门迎闯王,
> 闯王来了不纳粮。

同时,起义军的作风也改变了,进一步整顿了军纪,提出了"杀一人如杀我父,淫一人如淫我母"的口号。

这支纪律严明、爱护百姓的队伍到处受人民欢迎,参加的人越来越多,力量越来越大,打一仗,胜一仗,军事发展非常迅速。

1641年,李自成占领了洛阳,杀死了人民痛恨入骨的福王,把王府里的金银财宝全部散发给饥民。第二年,又南下攻取襄阳。这时候,李自成的队伍已经扩大到百万人,成为全国起义军的中心力量。

1643年,李自成在襄阳召开会议,郑重讨论进军路线。会上牛金星主张:"我们先攻取河北,然后直向北京。"

"我认为顺汉水、长江而下取得金陵,断绝进京的粮道,然后北伐,攻取北京,这样稳妥些。"有人提出不同的意见。

顾君恩不赞成这两种主张,他说:"你们的话都不对。金陵地居长江下游,先取金陵,即使成功,未免太慢。假如直攻北京,一旦失败,退守哪里?这样做,未免太急。我的意见是:关中是大王的故乡,先占据它作为基地,然后攻取山西,直向北京。如此,进可以攻,退可以守,万无一失。"

李自成采用了顾君恩的主张。当年冬天占领了西安。第二年正月,改西安为西京,建国号"大顺"。接着派兵攻取陕西、甘肃各地作为根据地。二月，李自成亲自率领大军渡过黄河，攻进山西，一路上浩浩荡荡把明军打得落花流水。起义军所到的地方，老百姓都焚香欢迎。

驻扎在北京城外的三大营明军听说闯王军就要打来了，早吓得心惊胆寒；等到一和起义军交锋，就逃的逃，降的降，溃败不堪。

三月十八日下午，太监曹化淳开门投降，外城破了。崇祯皇帝急坏了，赶忙敲钟召集百官，商量对付的办法，可是，这时候，谁还理睬这个倒霉的皇帝？大臣们早已溜的溜，躲的躲，一个也不买他的账。崇祯皇帝看到众叛亲离，大势已去，留给自己的只剩下一条死路了。三月十九日，天刚破晓，这位皇帝战战兢兢地爬上宫内的景山（煤山），吊死在一棵槐树上。从此，这棵槐树一直被统治者认为是"有罪"的，因为它吊死了皇帝。其实，这棵树倒有点儿功劳，因为它给封建皇帝上了最好的一课。

农民起义军胜利了，推翻了腐朽昏暗的明朝政府。

李自成率领大军开进北京城，出布告安抚老百姓："军人入城，敢伤一人者，杀无赦！"

老百姓看到军队纪律这样严明，都非常喜欢。李自成把北京建为都城，改定官制，文官以牛金星为首，武官以刘宗敏为首。这时，张献忠在四川也建立了大西国。

可惜的是起义军进入北京城不久就起了变化。李自成虽然一直保持着勤俭朴素的作风，可是牛金星、刘宗敏等经不起城市繁华的诱惑，生活开始腐化，沉醉在个人享乐里。他们忽视了全国还有许多敌人必须消灭，忽视了山海关还有吴三桂五十万大军驻扎着，忽视了关外还有虎狼般的清军随时在找寻机会侵略进来。将官们不再严格约束部下，军纪开始败坏，李自成一再训谕也没有效果，军队的战斗力大大减损了。

只有李岩始终保持着清醒的头脑，他反对牛金星他们的作为，哪知不仅没有成效,反而引起他们的嫉恨。李岩向李自成陈述招抚吴三桂的重要性,李自成既没有重视他的话,又没有作适当的军事布置来防备吴三桂和清军。

吴三桂出卖了民族利益,投降清军,做了汉奸,与清兵联合起来进攻起义军。李自成亲自率领几十万大军迎战。清军非常狡猾,先叫吴三桂领了军队和起义军作战;等到起义军打得疲乏了,就用骑兵分左右翼袭击。起义军被打败了,退回北京。四月三十日又放弃北京往西撤退,清军乘机占领了北京。

汉奸吴三桂和清军非常狠毒,不让李自成有喘息的机会,紧紧在后面追赶,李自成率领军队退到西安。这时候河南一带地主武装纷纷起来杀害李自成派遣的官吏。李岩看到情势严重,请求领兵到河南去镇压。

到这般地步,老奸巨猾的牛金星还要排斥异己,不顾大局,他表面上请李自成接受李岩的请求,暗地里却对李自成说:"李岩是个有雄才大略的人,不会长久屈居在别人下面。河南是他的故乡,给他大兵独立发展势力,再也别想制服他了。"

李自成听信谗言,一怒之下就把李岩杀了。李岩素来很得人心,大家见他被杀,都非常寒心,连刘宗敏也带着队伍离开了。

汉奸军和清军丝毫不放松,继续追击李自成。1645年,李自成退到湖北通山县境的九宫山,亲自带了几十个骑兵上山去察看地势,不幸,遭受到地主武装的袭击,英勇战死。

李自成战斗的一生就这样结束。第二年,张献忠也战死在四川西充的凤凰山。

这时,清军已在北京建立政权,继续向南和中原内部侵略,民族危机更加深重,李自成和张献忠的部下英勇地投入到抗清的斗争中去。

汉族人民抗清的斗争

李自成推翻明朝北京政权的消息和清兵入关占据北京的消息相继传到南方,南方的地方官僚们骚动了,他们筹划在南京重新建立政权。大官僚马士英等以武力作后盾,在1644年五月拥立昏庸的福王由崧即位。福王政府刚建立时,史可法、马士英同做宰相。马士英一心想把持朝政,独揽大权,就千方百计排挤史可法,史可法被迫离开朝廷到扬州去掌管江北的军事。

马士英一方面排挤爱国人士,一方面又引用一些无耻的小人,结党营私。他们贪污腐化,把各级官职定了价钱出卖,从中发财,把小朝廷弄得乌烟瘴气。当时流行着这样的民谣:

> 都督①多似狗,
> 职方②满街走。
> 相公只爱钱,
> 皇帝但吃酒。

军队里的情形也是一样。江北四镇的将官互相抢地盘,你打我,我打你,既消耗了力量,又害了百姓。史可法到了扬州以后,花了很大的

---

①② 都督、职方都是官名。

力气在四镇将官中进行调解,勉强把他们安顿到抗敌的战线上去。哪知道这里刚有头绪,别处又爆发了大规模的内战。

由于马士英等一批坏蛋无恶不作,大兴党狱,陷害爱国人士,引起了驻扎在武昌的、拥有号称百万大军的左良玉大大不满,他带领了大军进攻南京,说要清除马士英等一批奸臣。马士英着了慌,赶紧从江北国防线上把防守清军的队伍调下来打内战。有人出来反对,马士英厉声说:"你们想借口防清兵而让左逆打到南京来吗?清兵来,可以商量讲和;左逆来,你们好做大官,让我们去死?宁可死在清兵手里,不能死在左逆手里。"

别人不敢作声了,马士英又圆睁了眼睛,大声喝道:"谁再有异议,斩首!"

守军给调去打内战,江淮一带防御力量削弱,清军乘机大举南下,在1645年四月把扬州城团团围住。

史可法孤军抗敌,苦苦防守扬州城。清军统帅多铎好几次劝降,都给史可法严词拒绝了。

史可法带领文武官员分头守城,亲自防守西门险要的地方。清兵集中力量不分日夜地猛烈攻击,死伤了无数人,城还是攻不下。最后,清兵用大炮轰城的西北角,炮弹像雨点一样打落在城墙上,城塌了,清兵潮水般地涌了进来。

眼看城池守不住了,史可法拔刀自杀,旁边的人赶紧上前抱住,没有死,鲜血溅满了衣裳。部将们想保护他出小东门逃走,没想到正巧碰上了大群敌人,史可法被俘了。

多铎见到史可法,装得很恭敬的样子说:"史先生,我再三拜请你,你都拒绝了。现在你已经对明朝尽了忠,可以跟我们合作了。请你帮助我们大清收拾江南的局面,大清一定会厚厚报答你。"

史可法听了,忿忿地回答:"我是堂堂大丈夫,岂肯贪生怕死?头可断,要屈服万万做不到!"

为了祖国,史可法壮烈地献出了自己的生命。

清军占领扬州后不久,就渡过长江,捣毁了南京的小朝廷。

清兵过江后,南方人民英勇起兵抵抗。这时浙江成立了鲁王政府,福建成立了唐王政府。这两个政府不依靠人民的力量来抗战,相互之间不仅不合作,而且互相倾轧,因此不到一年,浙江就沦陷了。唐王政府又由于大汉奸郑芝龙的出卖,只存在了一年多的时间,也跟着覆灭了。

清兵占领浙江、福建等地后,继续向广东及西南地区进军,人民不甘心祖国的沦亡,他们百折不挠地起来抵抗。这时广东又成立了桂王政府,李自成、张献忠的余部——大顺军、大西军也参加这个政府,大大增强了抗战的力量,桂王政府前后支持了十六年之久。

李自成死后,大顺军还有几十万兵力,由李自成的侄子李锦统率着,他决心联合明军共同抗清。清军不断进攻,广东各地相继沦陷,桂王东奔西走,最后退到广西桂林。清军不放松,进逼桂林,形势非常紧张。大顺军与明军联合抗战,在全州(广西全州县)打了一次大胜仗,逼迫清军退到湖南南部,这样,局势才暂时稳定下来。

这好转的局势没有能维持多久,由于桂王政府中的官僚不顾当前民族危机,结党营私,钩心斗角,因而严重地影响了前方的军事。清兵乘机进攻,占领桂林。桂王退守南宁,只保有广西西南一角的地方,桂王政府陷入了危亡的境地。就在这时候,大西军出来扭转了这个危险的局势。

张献忠死后,大西军由孙可望、李定国、刘文秀等率领。当桂王退守南宁时,大西军的势力已由四川发展到贵州、云南,为了民族,为了国家,他们向桂王政府表示,愿意合作抗清。孙可望派兵迎桂王到贵州,把政府设在安隆所(贵州安龙)。接着大西军发动了一次大规模的进攻,李定国进攻广西、湖南,刘文秀北伐四川。

李定国有勇有谋,率领了大军十万,大象五千头,进攻湖南,占领了许多城池,然后南下进入广西,围攻桂林。兵士们个个奋勇战斗,肉搏攻城,大象成群地横冲直撞,吓得清兵四散奔逃,桂林城破,老牌汉奸"定南王"孔有德眼看无处逃了,就放了一把火烧死了全家。卖国贼获得了应有的下场!

攻下桂林后,大军乘胜北上,一路势如破竹,接连攻下永州(湖南永州)、衡州(湖南衡阳),直到江西的吉安。

清政府这一惊非同小可,唯恐江山坐不稳,急忙派遣亲王尼堪带领精兵十万去救援。李定国亲自率领主力诱敌深入,在衡州城下与清兵血战四天四夜,把清兵打得溃不成军,尼堪逃不出重围,也被杀死了。李定国出兵不到一年,打败几十万敌人,收复湖南广西等大片国土,军威大振。

孙可望是个自私自利的小人,听到前方不断胜利的消息,心里又羡慕又妒忌,就怕李定国功劳大,影响自己的声望。他的部下也纷纷说:"清兵真太容易打了,我们得赶紧上前线,不要把功劳都给人家抢去!"

这些话正说在孙可望的心坎上,他带领驾前军出征了。出征的同时,各种各样的谣言散播开来,有的说孙可望一到前线就要逮捕李定国,有的说孙可望一到长沙就要做皇帝。李定国看到孙可望如此不顾大局,非常痛心,他痛哭着说:"我们千辛万苦抗战,原是想立功报国的,现在初立功劳,就受到猜忌。我不愿意打内战,我决心避免冲突。"

有一部分军队舍不得离开李定国,跟着他退避到广西去了。

孙可望以为自己一定能打胜仗,哪知道一遇上敌人,就吃了个大败仗,碰了一鼻子灰,像耗子似的赶紧退回贵州。湖南、广西大片土地又轻易地落到清军手中。

孙可望野心不死,退到贵州后,企图逼迫桂王让位。李定国得到消息,把桂王救到昆明。孙可望竟倒行逆施发动内战,向李定国进攻。他卑鄙的行为遭到部将们的唾弃,他们纷纷归附李定国。在这种众叛亲离的情况下,孙可望被打得大败。但是,他没有从中取得教训,反而丧尽良心,投降清朝。

经过一连串不幸的事,抗清的力量削弱了。清军调动十五万兵马大举进攻,很快占领了四川、贵州。接着,三路进军,包围了昆明。李定国主张突围入湖南,在那里建立根据地,可是桂王主张退向云南西部,必要时逃入缅甸。

清兵占领昆明,继续向西进军,桂王就一直逃到缅甸去了。1661年,汉奸吴三桂带领大军入缅甸,迫使缅甸交出桂王,第二年,在昆明杀死了桂王。李定国在云南边境听到了桂王被害的消息,悲愤过度,发病而死。

桂王政权灭亡以后,东南沿海的抗清斗争还支持了相当长的时间,在这里我们单讲一讲民族英雄郑成功的故事。

郑成功是郑芝龙的儿子。1646年,郑芝龙投降清朝做了汉奸以后,郑成功非常痛心,毅然树起了"杀父报国"的旗帜,以厦门、金门为根据地,继续抵抗侵略者。

郑成功很是英勇,有一次他在将台上指挥守城,清军用大炮轰击,将台近旁落下两颗炮弹,他身旁一位将军对他说:"炮火厉害,快到洞里去躲一躲吧!"

他若无其事地笑着说:"只有炮火躲避我,哪有我躲避炮火?"

他曾经三次北伐,收复许多土地,最远一直打到南京城下,给清军极其沉重的打击。

正当清军大规模进攻贵州、云南时,江南空虚,郑成功抓住时机发动攻势。这是一次大规模的军事行动,共出动了十七万兵力,配备整齐,有五万水兵,五万骑兵,五万步兵,一万人来往策应,另外一万是铁人,全身披着铁甲,弓箭、枪弹都射不进,这些人专门站在阵前砍敌人的马脚。他又和另一个民族英雄张煌言在舟山会师;郑成功指向南京,张煌言扼住南京上游门户。

1659年五月,郑成功大军从舟山出发,经崇明入长江,很快攻下瓜州,截断南北粮道,接着攻克镇江,七月六日大军来到南京城下,包围了南京城。同时,张煌言在南京上游芜湖、徽州一带收复了四府、三州、二十四县。这些胜利振奋人心,各地人民纷纷响应,声势浩大,清朝政府很是恐慌。

清朝守南京的总督郎廷佐,看到城被围住,无法抵挡,就施了一个缓兵之计,派人到郑成功营中假意去接洽投降。派去的人装得很谦卑的样子对郑成功说:"我们清朝的法律规定,守城过了三十三,守城者有罪可以不牵连到家小,乞求将军宽待几天,我们再出城归降。"

郑成功轻信敌人的话,防备松弛了。不料清军突然杀出城来,一下子就把郑成功的军队打退。城里所有清兵都出城来扎好营盘准备决战。

郑成功吃了敌人的大亏,重新着手部署迎敌的阵势,打算反攻,谁知还没有布置好,敌人趁着夜晚突然又来进攻。明军又吃了一个败仗,一时难以收拾,只好把军队退到厦门去。张煌言听到郑成功被打败的消息,知道孤军作战不利,也只好撤退了。

郑成功自从江南败回厦门以后,清军不断攻击厦门、金门。郑成功考虑到要想抗清复明,必须有巩固的根据地,于是,决心收复被荷兰人霸占了多年的台湾。

1661年,郑成功率领了几百艘战船,二万五千多战士,浩浩荡荡出征台湾,在台湾人民的支援下赶走了侵略者。被荷兰殖民者占领了三十八年的台湾重新回到了祖国怀抱。

郑成功收复台湾后,从事开发工作,继续抗清。1662年,郑成功死了,他的子孙还坚持抗清达二十年之久。

1683年清军占领台湾后,大规模的抗清斗争才暂时失败了。

清朝的残酷统治

清兵在攻破南京,摧毁福王政权以后,就下令全国人民必须剃发,不肯剃发的就要杀头。他们逼迫人民剃发留辫子,就是在头中间编根辫子拖在脑后,额上和辫根四周的头发都剃光。汉族人民本来是留着满头的头发,束在头顶上的。清政府逼迫人民要在"留头"与"留发"之间选择,要"留头"就不准"留发","留发"的就不能"留头"。

看起来头发的留不留不是件大事情,而实际上这是清政府要泯灭汉族人民的民族意识,要人民忘记自己是汉族的子孙。汉族人民不甘心屈服,纷起反抗。江浙一带的人民反剃发斗争尤其激烈,江阴和嘉定的人民组织武装和清军坚决作战。清军在这两处吃足了苦头,因此攻破江阴后,又疯狂地屠城,男女老幼被杀死了十七万二千多人,全城只剩下五十三个人活着。嘉定遭到清军三次屠杀,一共死了二万多人。清军在征服汉族的过程中,在镇压人民的反抗中,进行了无数次大屠杀,被害的人无法计算。繁华的城市变成废墟,田地荒芜了,生产遭到严重的破坏。

满族人口很少,经济文化都比较落后;汉族人口众多,无论在经济上、文化上都远比满族进步,因此,清朝统治者感到统治汉族人民十分困难。为了巩固统治,制限汉族人民,他们费尽了心机。

他们除了采取野蛮的镇压外,又利用汉族大地主来统治汉人,这就是所谓"以汉制汉"的手段。

在政治上清政府标榜"满汉一体",不歧视汉人,而实际上政治地位相差很远,凡是重要的官职,都由满人担任,汉人做官没有实权,只能仰仗满族官员的鼻息,不敢自己做主。在法律上满汉也是不平等的,犯了同样的罪,处罚不同,满人比汉人轻;另外满人还享受许多特权,任意侵犯汉族人民的生命财产。清政府一面以减轻赋税来收买人心,一面强行"圈地",野蛮地掠夺汉人的土地。

他们又用科举制度来笼络士大夫,吸收他们参加统治,同时,又用最残酷的手段来消灭反满思想,常常大兴文字狱来屠杀读书人。我们从下面惊心动魄的事情中可以看出清朝的统治是多么残暴!

明朝朱国桢写了一部"明史",浙江有一个富商叫庄廷鑨的买到了这部书,书没有写完,庄廷鑨就请人续写,书里有指斥清人的地方。有一个革职的知县吴之荣想复职做官,就无耻地在康熙二年出面告发,清政府知道后,大兴牢狱,杀死庄廷鑨的家属,凡是作序的、校补的、刻印的都处死,甚至卖书的、买书的也被杀。有一个姓李的人听说书店有这部书,叫仆人去买,正好书商出去了,仆人就坐在书店隔壁的姓朱的人家等候,过了一会儿,书商回来了,姓朱的帮着议价。事发以后,买书的、卖书的、仆人都被杀了,姓朱的七十多岁,年老免死,但是他和他的老妻仍然被充军到遥远的边疆。这时,庄廷鑨已经死了,还要劈开棺材戮尸。前后共杀死了七十多人,充军的人无数。

清朝统治者又假借编纂"四库全书"的名义,来大量焚毁和篡改反抗外族侵略、具有民族意识的书籍。

乾隆皇帝下令设立四库全书馆,收买知识分子,编修"四库全书"。这是一部很大的书,共计九万三千多卷,花了四十七年的工夫,才全部编成,消耗了当时许多学者的精力。在编纂这部书的名义下,政府广泛地搜罗全国各地的书籍,乘机加以严格的检查,凡是不利于清朝统治的不是烧毁就是删改,烧毁和删改的范围非常广,不仅是直接反清的书籍,甚至是宋朝人讲到金人,明朝人讲到元人的书籍都遭到同样的命运。这样,在乾隆三十九年到四十七年共烧书二十四次,烧毁一万三千八百多部。这只是官方统计的数字,实际上烧毁的书远远超过这个数字。

清朝到了乾隆的时候,完成了对于各民族的征服,建立了一个疆域庞大的帝国,东北到库页岛,西接中亚细亚,南到南海的团沙群岛,北达漠北。

清政府在征服其他民族时,同样进行了多次大屠杀,有些少数民族地区变成一片荒漠。清政府又用尽心机挑拨各民族之间的感情,促使各民族之间,甚至一个民族之间不断进行仇杀,仇杀的结果是各民族本身的力量削弱了,便利了清政府的统治。

暴风雨来到之前

清朝的第四代皇帝乾隆统治中国的六十年中,进行了一系列的征服战争,造成了所谓"十全武功",清帝国到达了极盛的时期。乾隆皇帝自称"十全老人",亲自写下"十全记成",建盖碑亭,宣扬自己的武功。可是,在这个盛世的后面已经潜伏了衰落的危机。征服战争大大消耗了长期积累下来的财富,引起了财政的困难,削弱了自身的力量。

这时候,政治一天天败坏,官僚腐化贪污的风气愈来愈盛,出现了层出不穷的贪污案件。贪官污吏营私舞弊,互相包庇,个别清廉的人都被排挤,上昏下暗,一片乌烟瘴气。

乾隆时候,有个著名的治理黄河的老河工叫郭大昌,他是个治河的能手,为人正直,不肯与河官通同作弊。河督吴嗣爵恨透了他,把他看作眼中钉,肉中刺,想方设法找了个"岔子",把他驱逐走。乾隆三十九年,黄河大决口,决开了一百二十五丈。吴嗣爵只有捞钱的本领,却没有办法堵塞决口,不堵又不行,怕皇帝加罪,不得已只好把郭大昌找回来,恳求他说:"请你帮帮忙吧!我出五十万两银子,你能不能在五十天内完工?"

老河工回答他:"要我办,哪要五十天?二十天足够了,钱也用不着那么多。"

"要多少呢?"

"十万差不多了。"

"只要十万?"吴嗣爵心里老大不高兴。

"工程既交给了我,就要让我一人全权去办;要是派个官员来帮忙,我就不敢承担了。"

吴嗣爵心里盘算着:"让他去办,这样低的工价,以后办工程怎能向上面狮子大开口要钱? 如果不答应他的条件,他撒手不干,那就更糟。自己没有能耐堵住决口,上头罚下来怎么办? 唉,答应了再说吧!"

吴嗣爵总算答应了老河工的条件。

郭大昌果真如期完成了工程,总共花了十万二千两银子。贪官们痛恨郭大昌节省工费,戳穿他们的鬼把戏,等到决口刚堵好,马上又把郭大昌赶走了。

最大的贪官要算是乾隆时的大学士和珅。

和珅是乾隆皇帝的宠臣,是一个贪得无厌的家伙。当时贪污的风气盛行,贪官污吏为了要巩固自己的权位,常常用贿赂去奉迎中央有权势的大臣。和珅最得皇帝恩宠,各地的官员争先恐后地贿赂他,借机会向老百姓大加勒索。和珅通过各地方官搜刮全国的财富,积累了数量惊人的赃物。

乾隆皇帝在位的时候,对和珅始终宠信,谁也不敢碰他。后来乾隆让位给第十五皇子,自己做太上皇,皇子即位,就是嘉庆皇帝。太上皇活着的时候,连嘉庆皇帝也不敢惹和珅。嘉庆四年,太上皇死了,和珅的靠山倒了下去,和珅也跟着摇摇欲坠。大臣们上疏陈述他廿条罪状,参劾和珅,嘉庆就降旨抄没和珅的财产,杀死了他。我们只要根据抄查的清单,列出其中主要的几项,就可以看出和珅贪赃枉法到怎样的地步。

赤金五百八十万两;生沙金六百余万两;元宝银九百四十万两;当铺七十五座;银号四十二座;金碗碟三十二桌,共四千二百八十八件;地八千余顷。此外，金银器、玉器、皮衣、绸缎，各种各样宝玩等数也数不尽。

和珅私产被抄没的共一百〇九号，估价的只有二十六号，值银二亿二千三百八十九万余两，全部财产的估价当然还要超过这一数字的几倍。当时，清朝政府每年的收入不过七千万两，而和珅的家产竟抵得上国家好几年的收入，实在惊人。难怪当时的老百姓这样讥讽地说："和珅跌倒，嘉庆吃饱。"

和珅二十大罪状的最后一条是：他家仆人最微贱的也有二十万以上的财产。从这里可以看到全国大大小小贪官污吏贪赃的数字该是如何巨大！人民遭受的剥削该是何等残酷！

乾隆中叶以后，土地兼并剧烈起来，大批农民失去土地，到19世纪初已经普遍存在着"一邑之中，有田什一，无田什九"的现象。大地主拼命向农民榨取地租，填塞自己的腰包，尽情享乐腐化。地主的腰包是无底洞，农民的裤带越束越紧，挣扎在死亡线上。由于清政府的残酷统治，贵族、官僚、地主无情的搜刮，社会的阶级矛盾和民族矛盾日益尖锐，苦难深重的全国各族人民纷纷组织起来，掀起反清的斗争。清政府用尽一切手段，残暴地镇压人民。为了摧毁起义的力量，政府付出了数字庞大的军费，到了嘉庆末年，清政府的财政已经陷于山穷水尽的境地。

可是，清朝统治者一向目空一切，认为清帝国是"天朝上国"，其他国家只是大清的藩属；清朝的皇帝是天下独一无二的大皇帝，世界上再也没有一个君主可以与大清皇帝处于同等地位。任何一国使官来到中国，都要像朝贡国的使臣一样，对清朝皇帝行三跪九叩首的大礼。

自清人入关统治中国时起，到19世纪初，英、法等国相继完成了资产阶级革命，资本主义经济大大地发展起来。

英国自从 16 世纪开始,积极向外侵略进行殖民活动。18 世纪中叶,侵占了印度,把印度作为基地,处心积虑地向中国伸张贸易势力。

当时,中国对外贸易只限于广州一地,英国人不能满足。1792 年,英国派遣特使马戛尔尼到中国来请求通商的特权。马戛尔尼来时,正碰上乾隆皇帝八十岁万寿;清朝官吏糊里糊涂,以为他是来朝贡祝寿的。一到天津,地方官吏照规矩给了一面旗,上面写着英国贡船的字样,插在特使乘载的船头上。马戛尔尼在热河行宫谒见乾隆皇帝。在谒见的礼节问题上引起了很大的争执。马戛尔尼赤裸裸地向清政府提出了侵略性的要求:让英国在舟山、宁波、天津等港口通商;在舟山和广州附近的小岛上设租界;减低英国货物的税率;等等。清政府拒绝了这些无理要求。

马戛尔尼遭到斥逐,英国的侵略企图未能得逞,但是,英国决不就此放弃对中国的侵略。他们采取海洋走私、武力威胁、贿赂清政府的贪官污吏等卑鄙手段来扩大贸易。尽管这样做,英国的掠夺要求还是无法满足,并且在中英贸易上,英国一向处于不利的地位。中国对英国的毛织品、洋布、五金等商品的需要量不大,而英国对中国出口的丝、茶等货物的需要日渐增加。中国对英的贸易处于出超地位,英国必须把大量白银运到中国来抵消贸易差额。这显然对英国资产阶级不利,他们想尽办法要改变这种情况。

最后,卑鄙的英国资产阶级找到了出路,可耻地把鸦片输入中国,毒害中国人民。美国的资本家也参加了这个无耻的罪恶勾当。

鸦片像海潮一般,涌进中国。嘉庆末年(1820 年),每年输入五千多箱,到道光十九年(1839 年),竟达四万多箱。鸦片大量运进中国,中国的白银外流,每年流出几千万两,国内发生了严重的银荒。银价不断上涨,造成金融混乱,加深了人民生活的痛苦和政府的财政困难。

鸦片毒害着人们,摧毁了人们的健康,败坏社会风气,严重影响社会生产。清政府中一部分头脑清醒的官员看到了问题的严重性,主张严禁鸦片。主张禁烟最激烈的是林则徐,他沉痛地指出:"要是不把鸦片禁绝,国家就愈过愈穷,百姓身体愈来愈弱,几十年后,不仅饷筹不到,兵也招不到了。"

清政府不得不着手禁烟。

严禁鸦片,对英国资产阶级当然是不利的,这些穷凶极恶的侵略者哪肯干休?为了保持利润,他们用大炮轰开中国的大门,发动了武装侵略,这就是1840年的鸦片战争。

这时清帝国的内部早已空虚,在外来强暴力量的压制下,"天朝"破灭了。"天朝"的统治者再也不敢在"夷人"面前摆架子,他们由"排外"一变而为"媚外",最后跟外国侵略者勾结起来,共同压迫中国人民。

中国人民是不屈服的,连续展开了反帝和反封建的斗争。中国历史进入了新的时期。

附:大事年表

1351年　　　　红巾军大起义。

明(1368年—1644年)

1368年　　　　朱元璋称皇帝。

1405—1433年　郑和七次下西洋。

1449年　　　　土木之变。

1564年　　　　平定倭寇。

1594年　　　　顾宪成开始在东林书院讲学。

1635年　　　　农民起义军荥阳大会。

1644年　　　　李自成攻占北京。

清——鸦片战争前(1644年—1840年)

1644 年	清军入关。
1661 年	郑成功收复台湾。
1683 年	清军占领台湾。
1840 年	鸦片战争。